信濃毎日新聞取材班＝編
永江 朗＝解題

本の世紀

岩波書店と出版の100年

東洋出版

まえがき

目線の先にはいつも山がある——。

山は人々を隔てる一方、山に囲まれているからこそ、その向こうに何があるのか、どんな世界が広がっているのかという、好奇心や探求心が生まれるのかもしれません。だからこそ山に囲まれた信州は、岩波書店を創業した岩波茂雄（諏訪市出身）をはじめ、多くの出版人を輩出してきたのでしょう。

この本は、２０１３年1月から8月まで、長野県で発行する「信濃毎日新聞」朝刊文化面で計25回連載した「本の世紀——岩波書店と出版の１００年」に、加筆・修正してまとめたものです。同年が岩波書店の創業からちょうど１００年に当たったため、岩波書店を軸にして出版の歴史を振り返ろうという企画でした。留意したのは、岩波書店の社史ではなく、どんな時代状況のもとでどんな出版をし、それが時代にどんな影響をもたらしたのか——ということでした。

最初は、気が重かったというのが正直なところです。夏目漱石、西田幾多郎、丸山真男……。岩波の出版を問うことは、こうしたきら星のごとく輝く著者たちの（ときに難解な）本を読まなくてはならないからです。腹をくくって読んで読んで読みまくりました。全部は無理でしたが、それこそ山に登るように本に挑み、いくつかには登頂を果たし、いくつかでは遭難しました。そんな読書経験を積むことで、何となくですが、それぞれの著者やテーマについて、立体的な見取り図のようなものを、心の中につくることができた気がしました。

岡本厚社長はインタビューで、「岩波は（日本の）近代社会の背骨をつくってきた」と述べました。出版による言論や思想が、社会の骨格をかたちづくってきたという認識です。私としては、本書で取り上げた筑摩書房、みすず書房、理論社といった信州ゆかりの出版社も同様に、背骨をつくってきたと、誇りに思っています。

連載の21回目以降は、出版をめぐる現在の問題点を主に描き出そうとしました。「新刊洪水」と言われるように大量の本が出回る半面、若者の読書離れが叫ばれています。昔ながらの「街の本屋さん」の衰退や、電子書籍は出版文化をどのように変えていくのでしょうか。

ある人に取材を申し込んだところ、「『本の世紀』ですか。それで、あなたはこの100年で『本の世紀』は終わるという立場ですか。それとも？」と問われたことがありました。たしかにこの100年は、「本」が爆発的に普及して、文化を主導してきたと言えるでしょう。けれども次の100年は？　とっさに「今後も続くかどうか、見極めようと取材をしています」と答えましたが……。

連載を終えた後、出版や言論の自由について考えさせられる出来事がいくつか起こりました。特定秘密保護法の成立・施行、特定の人たちへの誹謗・中傷を繰り返す「ヘイトスピーチ」、フランスで風刺週刊紙が襲撃された「シャルリ・エブド」事件などです。いずれも議論やコミュニケーションを尽くす前に、力ずくで人を押さえようとする動きです。これらに対して、出版で対抗する動きも相次いでいます。

本にはまだまだ可能性があると信じています。年に何冊かは、ものの見方を180度変えてくれるような本や、わくわくして眠れなくなるような本に出会います。そんな体験を重ね、その本の魅力を伝えていくことも、文化部記者としての仕事の一つだろうと思います。

何より、読者のみなさんが、この本を閉じた後に、もう一冊、別の本に手を伸ばしてみる気になったとしたら幸いです。ささやかですが、私たちも「出版文化」に貢献したことになるのかもしれません。

信濃毎日新聞「本の世紀」取材班
文化部　上野啓祐

『本の世紀　岩波書店と出版の１００年』　目次

1 岩波茂雄生誕地・諏訪の「信州風樹文庫」
――読書の力で地域文化発信

「本を返しに来ました」「これ借ります」。2012年12月末、長野県諏訪市中洲にある図書館「信州風樹文庫」に、いてつく寒さを吹き飛ばす元気な声が響いていた。隣接する中洲小学校の児童たちが下校時に立ち寄るため、開館している平日は、こうした光景が繰り返される。

風樹文庫には、2013年に創業100年を迎えた岩波書店（東京）が出版した書籍の大半が寄贈され、1世紀にわたる出版事業の歩みを感じ取ること

信州風樹文庫の書架に並ぶ岩波書店の本。
中洲小学校の児童が丁寧に掃除している

ができる。

　岩波書店の創業者、岩波茂雄（1881〜1946年）は、諏訪郡中洲村（現諏訪市中洲）に生まれた。東京帝国大を卒業後、1913（大正2）年、31歳で東京・神田に古書店を開き、出版事業を起こした。

　その生家跡地は、風樹文庫から歩いてすぐ。今は小さな公園で、茂雄が登って遊んだカラモモ（アンズ）の木は朽ちて10年余り前に切り倒されたが、住民が種から育てた「二世」の幼木が成長。公園のそばには、鎌倉の東慶寺より分骨埋葬した茂雄の墓もある。

「風樹文庫」の名前は、両親を早くに亡くした岩波茂雄が座右の銘とした「樹静かならんと欲すれど風止まず　子養わんと欲すれど親待たず」との中国の古詩に由来する。1947年（昭和22）3月、岩波書店から初めて図書201冊の寄贈を受け、同年5月、中洲小学校に文庫が誕生。50年には同小敷地内に倉庫を建て独立させた。地元住民らの委員会が運営。週末のみの開館だったが、93年には諏訪市が現図書館を新築、休館日を除く毎日の運営となる。

□　□

　敗戦直後の混乱期にあった1947年、中洲村青年会の役員や教員3人が、夜行列車で約8時間かけて上京した。向かったのは岩波書店。

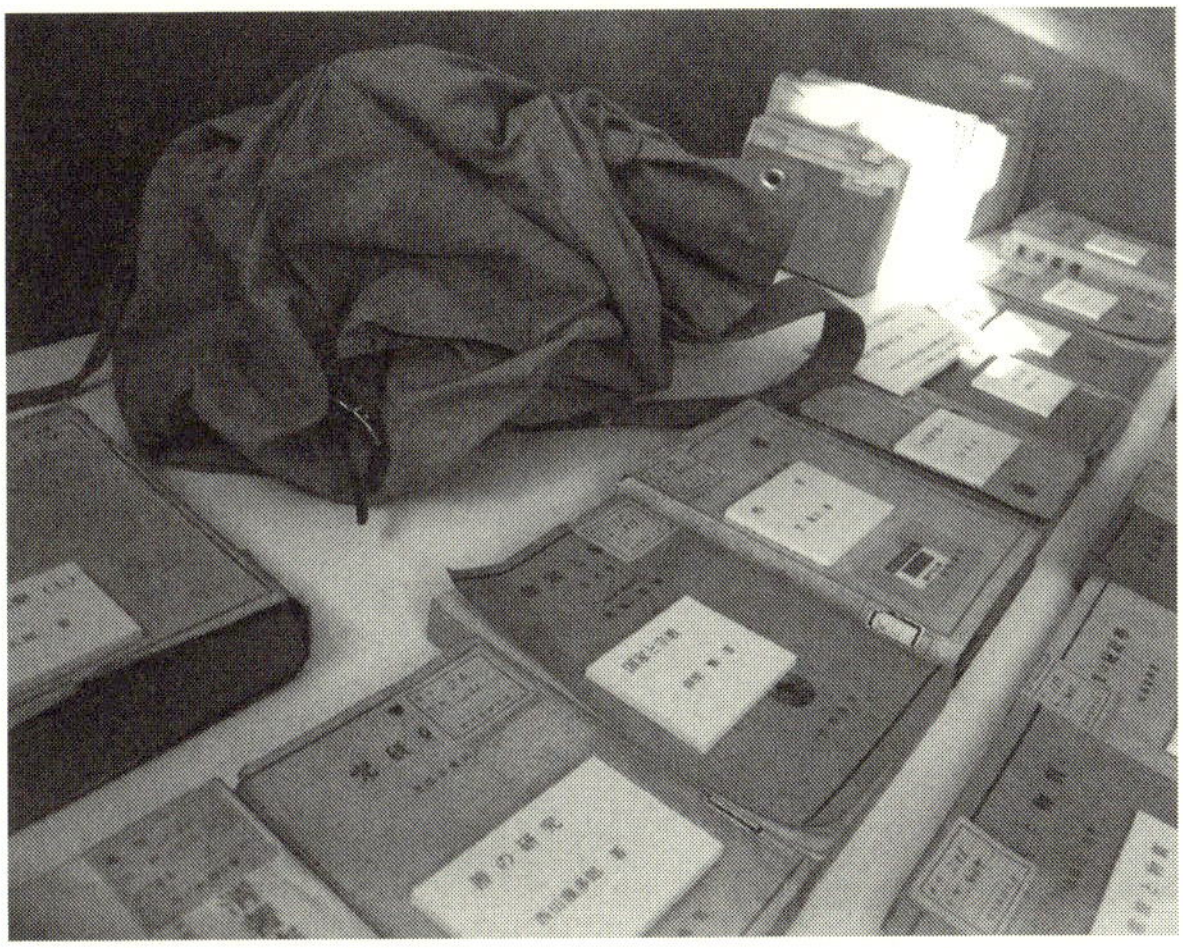

1947年に初めて中洲村（当時）の青年らが持ち帰った岩波書店の本と、背負った布のリュック

「岩波茂雄のような文化人を輩出した村に、岩波の本がそろっていないのは残念だ」との指摘を受けて「これじゃいけない。本に飢えている皆のために寄贈してもらえないだろうかと行動に移したのです」。3人の中でただ一人の存命者の平林忠章さんは当時を振り返る。

訪ねた青年らの望みを社長として聞き入れた茂雄の次男の岩波雄二郎（故人）は、風樹文庫50周年の記念誌へ寄せた文章で「本は大変に重いものです。同じ容積のコンクリートより重いと言われます。戦後の混乱期、満員の汽車に乗って屢々《しばしば》あの重い本を取りに来られた初期の方々のご苦労とご熱意には、頭の下がる思いが致します」とつづった。

平林さんらは、初めて寄贈された201冊の本をリュックサックに詰め込み、背中に担いで持ち帰った。「敗戦の中で国を何とか再建しようという若者らの思いがあった」

文庫の運営管理は、地元住民らの熱意で支えられてきた。55年に村が諏訪市に編入合併する際の要望事項には、上水道や道路整備と並んで「文庫の育成強化への計らい」が盛り込まれた。

リュックを背負って行き来した時代は去り、ほぼ毎月、新刊書籍が宅配便で届くようになった。現在、寄贈された約3万2000冊の本をはじめ、市の購入分などを含めて蔵書数は4万冊。47年以前に出版された本も、一般からの寄贈などで全体の半数余の約2600冊を所管している。一つの出版社が出した書籍を集中させ、住民や希望者へ貸し出しを行う図書館は全国的にも珍しい。

岩波書店社員で、風樹文庫との窓口役を務める富田武子さんは、「岩波書店と信州とのつながりは深い。これまで寄贈を続けている理由は、最初に『本を生かし、読んでいく』との考えを伝え、貫いた人たちがいたからなのです」と説明する。

□　□

住民らが94年に組織した「ふうじゅの会」は毎年、岩波書店の役員や編集者、同社の出版物の著者らの講演会を開いたり、同社の雑誌『世界』に掲載された論文の読書会を開いたりしている。会長の小松郁俊さんは「岩波にかかわる人々が、どんな思いで本を作ってきたのか。密度の濃い交流を重ねてきた」と話す。

小松さんは、最近の活字離れを憂慮し、「日本人のアイデンティティーが失われる危機感も持っている」とも語る。「ネットで手軽に得る情報と、本から覚える知識は違う。（読書を通して）日本人として失ってはならない文化、アイデンティティーを守り、残したい」

風樹文庫には、ほかの図書館にはない書籍も多く、教養文化の象徴的な存在でもある。富田さんは「岩波の出版活動がそうありたいと考えていることでもあるが、若い世代を軸に、読書への取り組みを継続してもらいたい。（風樹文庫は）岩波の本に対する、目に見える熱い応援団なのです」と語る。

「昔は本がよりどころだった。今は分かりづらいかもしれないが、初心を忘れず、風樹文庫が地域文化を発信する場所であってほしい」。平林さんは、出版による文化の発信を続けた茂雄らの遺志と、その郷里にある文庫が後世に受け継がれることを願っている。

※　※

岩波茂雄が岩波書店を創業して2013年で100年。時に政治や世論の流れと対峙《たいじ》しながら100年の歴史を刻んできた岩波書店の歴史は、近現代日本の出版文化の歩みとも大きく重なる。読書離れ、出版不況が言われる中、私たちは読書文化をどう引き継ぎ、活字文化をどうはぐくんでいったらいいのだろうか。岩波書店の今と昔をたどりながら、変化し続ける時代の中での出版文化の意味を考えたい。

コラム　〈信州人、出版史に大きな足跡　現代　減る出版社、増え続ける新刊〉

日本は、明治期以降、印刷技術が進み、取次業者の登場で流通網も発達する中で、東京を中心に多数の出版社が生まれた。岩波書店のほか、講談社、小学館、文藝春秋など大手出版社も明治、大正期の創業で、今日までに長野県出身者の多くもその中に加わり、出版文化をはぐくんできた。

軍国主義を突き進む国家権力の言論弾圧や出版統制により、戦時中は、出版社が大幅に淘汰《とうた》された。そうした厳しい時代であったが、塩尻市出身の古田晁《あきら》（１９０６～73年）は１９４０（昭和15）年、筑摩書房を創業した。

敗戦後、出版社が次々と誕生。信州ゆかりでは、茅野市出身の小尾俊人（１９２２～２０１１年）が46年に友人２人とみすず書房を、47年には上田市出身の小宮山量平（１９１６～２０１２年）が理論社を創業した。

出版業界は順調に発展してきたが、75年ころから出版不況が深刻化し、出版界を取り巻く状況は厳しさを増している。90年代には全国で約４３００～４６００社余を数えた出版社数は、バブル崩壊や新しいメディアの台頭による活字離れの影響などから、ここ10年間は

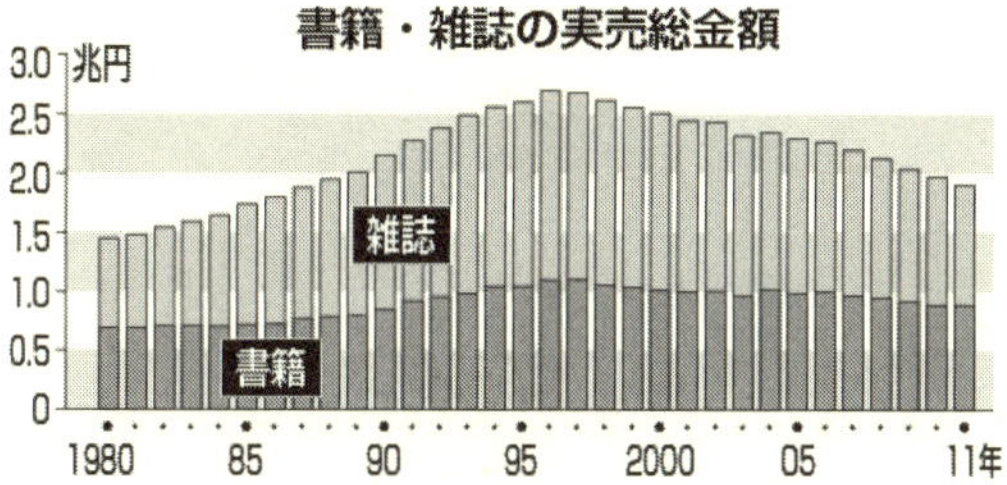

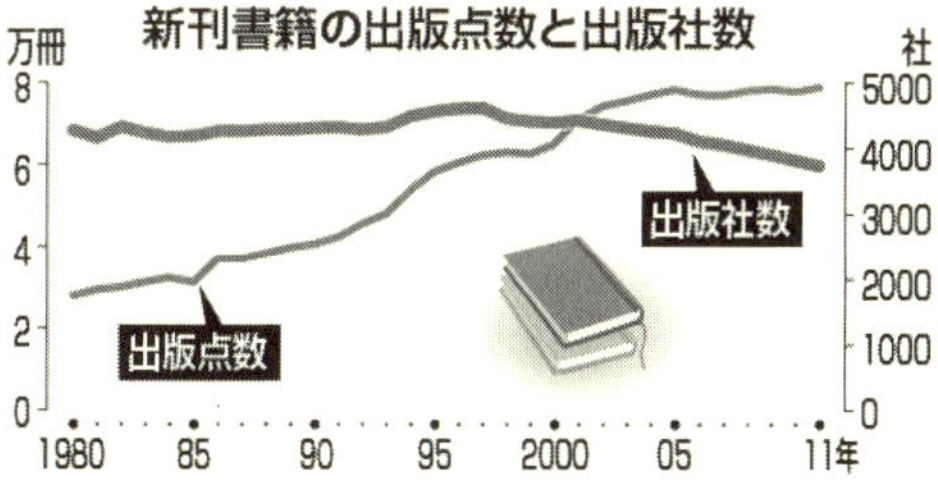

4000社を割り込むまでに減少。筑摩書房は78年に、理論社は2010年に事実上の倒産に追い込まれた。

出版社数が減少する一方、書籍の新刊点数は増え続け、ベストセラー、ミリオンセラーとなる話題作もある。ただ実際は書店から出版社へ売れ残った書籍や雑誌が返品される割合はいずれも全体の4割近くとされ、「自転車操業」状態にある。

出版ニュース社の清田義昭代表は、この100年間を振り返りながら「災害や戦争、不況などを経験し、身を削りながらも作りたい本を作る。リスクもあれば、挑戦もあるのが出版であり、私たちはその結果、本から時代認識の手掛かりを得てきた」と話している。

2 東日本大震災と雑誌『世界』——「生きよう！」に思い込め

〈この圧倒的な現実を前に何を論じるのか。論じて意味があるのか。われわれの存在意義がかかっている。（中略）この事態をどう考えたらいいか、皆不安に思い、悩み、誰かの主張を待っている。そこに何を提供できるのか？〉

東日本大震災直後の2011年3月15日の夕方。雑誌『世界』（岩波書店）編集部の中本直子さんが都内の自宅でパソコンを開くと、編集長＝当時＝の岡本厚さんからの部内メールが届いていた。

校了作業をする『世界』編集部の清宮さん（右）、中本さん

『世界』は、岩波書店が発行する月刊総合誌。創業者の岩波茂雄の発案で、終戦の1945（昭和20）年12月に創刊した（46年1月号）。46年5月号の丸山真男「超国家主義の論理と心理」をはじめ、言論・学術界に影響を与えた数々の論文を掲載。「良質な情報と深い学識に支えられた評論によって、戦後史を切り拓いてきた」（同社）。講和条約締結について、全面講和か単独講和かをめぐり、国民の間に意見の対立のあった50年3月号では、学者らでつくる「平和問題談話会」の「声明」を掲載し、中国、旧ソ連をはじめすべての交戦国との全面講和と軍事基地反対などを訴えた。また、安保闘争さなかの60年5月号に掲載された清水幾太郎の「いまこそ国会へ」は大きな反響を呼び、国会議事堂周辺の安保反対デモに全国各地から人々が詰めかけるきっかけになったとされる。

□　□

2011年3月の『世界』編集部。東京電力福島第1原発事故で、東京への放射能汚染が深刻化するのではないかと不安のどん底にいた中本さん。「私たち、チェルノブイリの人になるんだ。何もかも置いて、ここから出て行くんだ…」。そんな虚無感にさいなまれていたが、岡本編集長からのメールでようやく仕事に向かう気力を奮い立たせた。

メールは、4月8日発売の5月号は、準備していた特集「アラブの春」をやめ、「これ（震災）

だけ」を取り上げる特別編集号として、一から作り直すことを求めていた。校了から逆算すると、ほぼ1週間で各筆者の原稿をそろえないと間に合わない。1カ月弱という通常に比べると、異常な慌ただしさだ。中本さんは翌日、小学3年生の長男を沖縄に住む友人宅に〝疎開〟させ、17日から猛烈に仕事に向き合った。

編集者として培ってきた人脈から、原発問題に詳しい人、東北にゆかりがある人、読者に希望を与えてくれる記事を書ける人…と、特別編集号にふさわしい名前を挙げて、編集部員6人で検討し、協力をお願いした。急な依頼にも断る人はほとんどなく、作家の大江健三郎さん、元原子炉製造技術者の田中三彦さん、児童文学作家の松谷みよ子さん、経済評論家の内橋克人さん、国際政治学者の坂本義和さんら計48人の寄稿やインタビューが載った。

□　□

「生きよう！」。4月8日、店頭に並んだ『世界』5月号の表紙には、赤く大きな文字でこう記されていた。

「叫び、祈り、呼びかけ、それらを含んでいる言葉。タイトルはこれしかないと思った」と岡本さん。その思いは、巻頭に載せた「読者へ」にも表れている。

〈何があろうと、私たちはここで生きていく以外にありません。（中略）私たちは「がんばろう」

「がんばって」ではなく、ともに生きていこうという思いを込めて、「生きよう！」と呼びかけたいと思います〉

誌面で、田中さんらが事故を起こした原子炉の欠陥や放射能の拡散を詳しく解説したほか、映画監督の鎌仲ひとみさんは対談で「市民の力で状況を塗り替えていかないといけない」と、原発依存のエネルギー政策の転換を訴えた。また東京外大大学院の西谷修教授は、私たちが『文明の実験』のモルモットになっている」と警告し、「日本がこの被災にどう対処するのか、この危機からどう抜け出るかに、世界の未来がかかっている」とした。

通常より1割ほど少ない計288ページだったが、震災から1カ月もたっておらず、震災関連書がほとんど刊行されていない時期に、ほぼすべてを震災関連の論考にした月刊誌の発行は際立っていた。

編集部には発売直後から問い合わせが相次ぎ、初版の7万部に加え、早々に計1万部の増刷を決めた。月刊誌が増刷をするのは極めて異例。「『読者へ』を読んで号泣した」「ようやく自分の思いと共通する雑誌を見つけた」といったメールやはがきも数多く寄せられた。

□ □

「あの時点で、あれだけ充実した誌面は、『世界』だからできたんだと思います」

震災当時の副編集長で、12年4月から編集長を引き継いだ清宮美稚子さんは、こう振り返る。

「（1946年1月号の）創刊時から、平和と人権の尊重を軸にぶれずにきた蓄積がある」という自負があるからだ。

『世界』は、震災前の11年1月号でも「原子力復興という危険な夢」を特集し、「生きよう！」の5月号以降も、震災と原発問題を取り上げた。それに対し、日本ジャーナリスト会議（JCJ）は「JCJ賞」を授賞。「総合誌・論壇誌〝冬の時代〟にあって孤軍奮闘する月刊誌『世界』の健闘は、特筆に値する。商業主義・多数派・俗論に抗う鋭角的な言論空間を持続的に堅持している」と評価した。

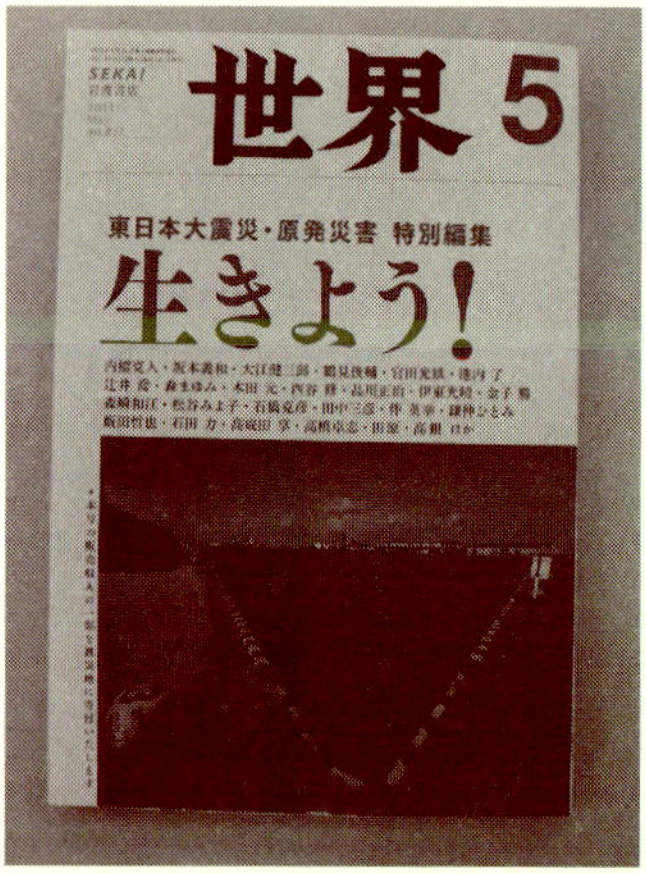

「生きよう！」と題した『世界』2011年5月号

特別編集号「生きよう！」は、編集部にとって貴重な経験になった。「とかく上から目線の雑誌になりがちだったが、『一緒に生きよう』と、被災者や読者の気持ちにもっと寄り添った誌面を作らないといけない」。そんな問題意識も生まれた。

「時間がたつにつれ、今ではあの震災を忘れたい、なかったことにしたいのでは、と疑うような姿勢のメディアもある。ほかが尻つぼみになっても、私たちは被災者に寄り添って、繰り返し問い続けていきたい」。清宮さんはそう考えている。

3 競争激しい新書の編集――「教養担う」期待に応え

「文章がスムーズになってきました。とてもよくなったなあと思います」

「です・ます調は意外と難しいですね。指摘されて、文章が単調になっていたと気づきました」

２０１２年12月中旬、青山学院大の坪田耕三教授の研究室。岩波書店新書編集部の永沼浩一さんは、翌年秋以降に出す予定の坪田さんの著書について、打ち合わせをした。（『算数的思考法』として２０１４年３月発売）

筆者の坪田さん（左）と打ち合わせをする永沼さん＝2012年12月

本は「算数的な考え方」がテーマ。かつて小学校の教諭として、算数の面白さを伝える授業に取り組んできた坪田さんに、算数の問題を通して、日常生活の問題解決や創造的な活動にも応用できる考え方のヒントを書いてもらおうという狙いだ。

この日は、永沼さんの指摘を受けて書き直した最初の1節分について、文体の工夫のほか、問題と文章のバランスや、図をどのくらい入れるか——といった点を話し合った。

雑談の中からアイデアも生まれる。これまで坪田さんがしてきた授業の話題から、当初の予定になかった「よい問題の条件は何か」を盛り込むことにした。

多くの著作を出している坪田さんだが、編集者の存在は不可欠だという。「分かったつもりで書いていても、読者に伝わらないことがある。それをプロの目で指摘してもらうことは、とても大事です」

□　□

本の編集は「地味な仕事」と永沼さんは言う。あくまでも黒子だ。しかし、編集者の役割は決して小さくない。

編集者は、「これは」と思う著者やテーマを考えだし、候補者と何度か打ち合わせをする。岩波新書の場合、おおまかな目次ができたところで、毎週1回開く編集部内の「編集会」に提案。さらに社内全体の会議を通れば、正式に執筆を依頼する。通常は8カ月～1年後の刊行を目指す。

執筆途中の原稿を送ってもらい、感想を伝えながら、必要があれば軌道修正していく。最後まで出そろったところで、内容に矛盾がないか点検し、誤りを修正する「原稿整理」という作業をする。ゲラ刷りの段階で、さらに誤字・脱字などを修正する「校正」を少なくとも2回行う。

新書編集部は永沼さんを含め10人。こうした本づくりを一人が同時並行で3、4点手掛けており、通常は部全体で毎月4点、年60点を刊行する（2013年1月は創業100年を記念して10点）。

□　□

B6判よりもやや小型の「新書判」は、岩波書店が1938（昭和13）年、「今日の問題の理解や批判に必要な知識をわかりやすく解説」しようと創刊した「岩波新書」が始まり。著名な学者、文化人が執筆したものが多く、廉価で求めやすいことから学生などの支持を集め、他社も追随した。90年代半ば以降は、筑摩書房、集英社、新潮社などが相次いで参入し、競争が激化。新書判の新刊点数は、85年の2735点から2011年の4980点へと、倍増に近い勢いで増えた（出版ニュース社『出版年鑑』より）。

同社の清田義昭代表は、「教養を担ったかつての新書のイメージは大きく変わり、目を引きやすい本を次々と出すのが主流で、短命で雑誌に近くなった」とし、「従来の路線を行く岩波など老舗の新書は、厳しい競争にさらされている」と指摘する。

実際、1990年代に、岩波新書から『大往生』(永六輔著、94年)『日本語練習帳』(大野晋著、99年)がベストセラーの上位に入ったが、2000年以降、上位に食い込むのは難しくなってきている。

「危機感がないわけではないけれど、読者が何を手に取っていいか分からないときに、振り返ればそこに岩波新書があったという存在でありたい」。永沼さんの同僚で『ルポ貧困大国アメリカ』(堤未果著)などを手掛けた上田麻里さんはこう話す。

書店が出版社から本を買い取った上で小売りする「買切制」を戦前から続けている岩波書店。書店からの返品を認める委託制の他社と比べ、経営リスクが少ないことが、「従来の路線」を可能にしている面もある。

永沼さんも、2013年1月発売した『面白い本』(成毛真著)のように、比較的軟らかい内容で話題性のある本の企画もするが、12年6月に刊行した『マルティン・ルター』(徳善義和著)のように、「読みやすいけれど、きちんとした学術的な根拠がある」本に〝らしさ〟を探る。

「岩波新書という看板を読者が信頼し、期待を寄せてくれている。それに応え続けていく責任も感じる」。永沼さんはそんな思いを胸に本づくりに取り組んでいる。

コラム　〈売れる「生き方のヒント」〉

2012年、発行部数が100万部に達した阿川佐和子『聞く力』（文春新書）をはじめ、最近の年間ベストセラーとなった新書を見ると、樋口裕一『頭がいい人、悪い人の話し方』（PHP新書）、香山リカ『しがみつかない生き方』（幻冬舎新書）など、生き方の処方やヒントを与えるような実務書の売れ行きが好調だ。

清田義昭・出版ニュース社代表は、「出すサイクルが短い新書は世相をよく反映する。生き方の指南書や啓発書が売れているのは、先の見えない不況や社会状況が続き、人生に対する人々の不安が高まっているからではないか」と分析する。

年間ベストセラー10位に入った新書（2005～11年は「出版年鑑2012」より、12年はトーハン調べ）

年	順位	著者	書名	新書
2005年	1位	樋口裕一	『頭がいい人、悪い人の話し方』	PHP新書
	2	山田真哉	『さおだけ屋はなぜ潰れないのか?』	光文社新書
	10	三浦展	『下流社会』	同
06	1	藤原正彦	『国家の品格』	新潮新書
	5	安倍晋三	『美しい国へ』	文春新書
	6	早坂隆	『世界の日本人ジョーク集』	中公新書
	8	養老孟司	『超バカの壁』	新潮新書
07	1	坂東真理子	『女性の品格』	PHP新書
	4	飯倉晴武	『日本人のしきたり』	青春新書
	8	藤原正彦	『国家の品格』	新潮新書
08	4	坂東真理子	『女性の品格』	PHP新書
	8	姜尚中	『悩む力』	集英社新書
	9	坂東真理子	『親の品格』	PHP新書
09	6	香山リカ	『しがみつかない生き方』	幻冬舎新書
10	7	池上彰	『伝える力』	PHPビジネス新書
11	3	曽野綾子	『老いの才覚』	ベスト新書
12	1	阿川佐和子	『聞く力』	文春新書
	6	中村仁一	『大往生したけりゃ医療とかかわるな』	幻冬舎新書
	10	南雲吉則	『50歳を超えても30代に見える生き方』	講談社プラスアルファ新書

4 若き日の茂雄の悩み
——教養路線の精神的支柱に

岩波書店の創業者、岩波茂雄の人生を大きく変える転機は、旧制第一高校時代に訪れた。

一高時代からの親友の哲学者、安倍能成《よししげ》（1883〜1966年）が著した『岩波茂雄伝』などによると、1901（明治34）年、あこがれの一高に入学すると、ボート部に入り、寮の部屋で夜も練習を繰り返していたほどの茂雄だっ

旧制一高時代、1904（明治37）年初夏の岩波茂雄（前列右から2人目）。その左隣が阿部次郎、後列右が安倍能成（岩波書店提供）

たが、2年生の冬頃から考え込んだり、本を読みふけったりする内省的な学生に変わっていった。

きっかけは、失恋やボート部内の人間関係だったらしい。21歳の茂雄は「人はなぜ生きるのか」「真実とは何か」と思い詰めるようになった。追い打ちを掛けるように、03年5月、1学年下の藤村操が「真理は不可解」との遺書を残して、日光・華厳の滝に投身自殺。エリート学生の自死は当時、大きな話題になり、後を追う者が続出した。茂雄も大きな衝撃を受け、遺書を読んでは何度も号泣し、その夏、野尻湖（上水内郡信濃町）の弁天島（琵琶島）に約40日間、引きこもって考え続ける。当然、学業はおろそかになり、04（明治37）年、二度目の落第をもって、一高を除名された。

□　□

諏訪郡中洲村（現諏訪市）の農家に生まれた茂雄。西郷隆盛や吉田松陰に憧れ、東京の旧制中学校を経て一高に進学したのは、国の発展のために尽くす「立身出世」を夢見てのことだった。一高の除名は、立身出世のエリートコースから外れることを意味した。

目標を失い、「南米で羊飼いになる」と友人たちに宣言したりもした茂雄だったが、思い直して語学の予備校に通い、東京帝国大学哲学科に入学する。しかし、現在の聴講生のような立場の「選科生」だった。卒業はしたものの、職業はなかなか定まらず、雑誌編集の手伝いをしたり、女学校で教職に就いたりした。

1913（大正2）年8月、32歳の誕生日を前に、東京・神田神保町で古書を商う「岩波書店」を開き、翌年出版業に乗り出したのも、それほど大きな野心からではなかった。一市民として堅実な生活ができればいい。商売をするなら、これまで親しみのある本がよかろう——。そんな理由だった。

ただ、一高時代を大きな転機に、人生や真理への悩みと、その解決を求めた読書体験は、「岩波書店」経営の大きな精神的な支えになった。〈低く暮し高く想う〉〈正義は最後の勝利者なり〉…。開店のあいさつ文に添えた七つの信条は、いずれも人格の完成や、真理の探究を目指すもの。「偽りなき真実の生活をしたい」と願った茂雄は、当時の慣行に反して、値引きをしない「正札販売」を貫いた。

□　□

「岩波茂雄という人物は、あの時代にあって出るべくして出た」

こう指摘するのは、明治・大正期の「教養主義」に詳しい帝京大の筒井清忠教授。若き茂雄の悩みは、自殺した後輩藤村操をはじめ、当時の旧制高校生や大学生らに、程度の差こそあれ、共通していたという。

富国強兵を急いだ明治維新後の日本で、「立身出世」は若者らの夢であり目標であった。明治の中ごろになると、欧米列強による植民地化の危機を脱して、近代的な独立国としての展望が生まれ、日露戦争（1904〜05年）の頃から、若者の間に、「立身出世」し国家のために尽くすことよりも個人の人生の意義を深く考える価値観の変化が表れるようになってくる。

旧制高校でも、硬派な〝体育会系〟の校風から、個人の人格を磨く「修養」を第一とする雰囲気が優勢に。さらに大正期に入ると、古典を読み、知識を身に付けることで、人間の素養を高める「教養主義」が主流になったという。

そんな時代の風潮と、教養・学術を重視した岩波書店の出版活動がかみ合っていく。大手の博文館、大衆向け雑誌の講談社、文芸の春陽堂といった出版社が当時の市場を固める中、岩波書店は、独自のカラーを教養・学術の分野に求めた。阿部次郎『合本　三太郎の日記』、和辻哲郎『古寺巡礼』、倉田百三『愛と認識との出発』など、旧制一高、東京帝大の同級生や先輩・後輩ら、茂雄の人脈を生かして、教養・学術路線の本を相次いで出版。その中から「教養主義の古典ともいうべき書物」（筒井さん）が生まれ、学生らに広く受け入れられていった。

コラム 〈今の若者の読書は…〉

「『三太郎の日記』などの〝教養書〟は、昭和30年代頃まで大学生や高校生の必読書だった」という筒井さん。社会状況の変化に伴って、古典や教養書は以前ほど読まれなくなった。

2012年12月、松本市の信州大で開かれた「ビブリオバトル」（書評合戦）。学生らが好きな本を5分間で紹介し、読みたいと思った本を挙手で「投票」する。ライトノベル、ミステリー、伝記など、さまざまな本が挙がったが、かつての古典や教養書には、あまり手が出ないようだ。

信州大で開かれた「ビブリオバトル」＝2012年12月

企画した同大講師の荒戸寛樹さん（現・首都大東京准教授）は、「茂雄の時代とは単純に比べられないが、世の中が目まぐるしく変わる現代、〝教養〟の意味も変わってくるだろう。現代でもきっかけがあれば、一定の若者は、そうした本に引きつけられると思う」と話す。

5 初の出版物は『こゝろ』——茂雄に通じる漱石の気骨

岩波書店が2013年の創業100年を記念して行った読者アンケート。同社出版物の中から「心に残るこの一冊」を五つの部門ごとに尋ねたところ、夏目漱石（1867~1916年）の『こゝろ』が、岩波文庫部門の1位に選ばれた。

『こゝろ』は、1914（大正3）年、同社が手掛けた事実上、初の出版物。漱石の存在は、同社のその後の発展にも大きく寄与した。

当時、すでに人気作家だった漱石。本の出版元は大倉

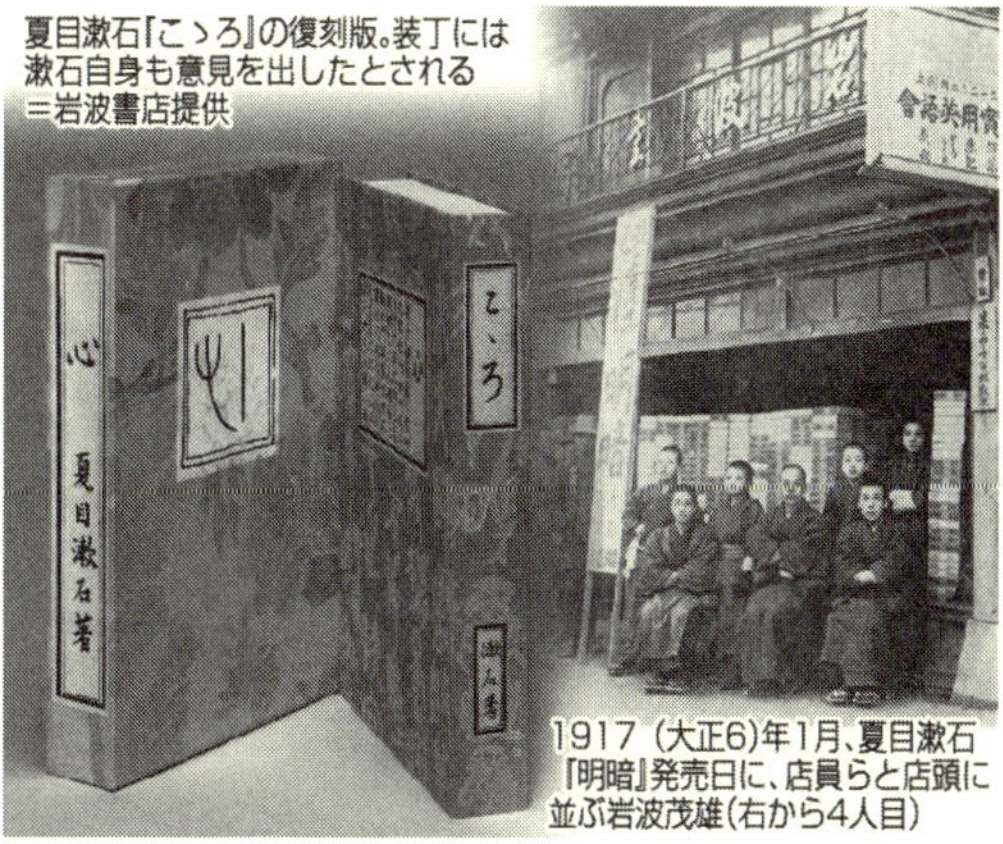

夏目漱石『こゝろ』の復刻版。装丁には漱石自身も意見を出したとされる＝岩波書店提供

1917（大正6）年1月、夏目漱石『明暗』発売日に、店員らと店頭に並ぶ岩波茂雄（右から4人目）

書店、春陽堂の老舗2社が占めており、新参の岩波書店が付け入る隙はない――はずだった。

創業者の岩波茂雄は、13（同2）年の創業間もなく、旧制一高時代からの親友で、漱石の門下生だった安倍能成を通して、「岩波書店」の看板の文字を漱石に揮毫《きごう》してもらった。これを機に、茂雄は、漱石宅で弟子たちが集い、さまざまな議論をした「木曜会」にも顔を出すようになり、漱石に気に入られて、『こゝろ』を自費出版のかたちで、岩波書店から出す承諾を得る。

漱石の妻・鏡子は『漱石の思ひ出』の中で、当時、茂雄ができるかぎり上等な本をつくろうと意気込んでいたことに触れ、こう回想している。

〈（漱石は）元手ばかりかけても、これが売り物だといふことを少しも考へなくては、結局皆目《かいもく》儲《もう》けがなくなつて了《しま》うぢやないかと小言を申します。ところが岩波さんの方では、いくら小言を言はれたつて、何でもかんでも綺麗《きれい》な本を作りたい一方なんだから、顔見る度に小言です〉

やがて茂雄の熱意は漱石の心を動かし、漱石自ら中国の古代文字をあしらった装丁を手掛けた。漱石は出来上がった本を喜び、その後の『硝子戸の中《うち》』『道草』も岩波書店から出版された。

□　□

1916（大正5）年12月、漱石が死去した後も、茂雄の対応は素早かった。絶筆となった未完の『明暗』を翌年1月に刊行し、さらに『漱石全集』の刊行を企画。大倉書店、春陽堂の

2社と「刊行会」を設けたが、業務のほとんどを引き受けて、実質的な発売元となった。日記や書簡など、漱石の残した言葉すべてを収める方針で、〈以後の個人全集の一つの模範となった〉（矢口進也『漱石全集物語』より）。全12巻（最終的には13巻、別冊1）にもかかわらず、予約は4000部に上った。漱石が職業作家として執筆した第一作で話題となった『虞美人草』（1907年）の初版が3000部だったことと比べても、その人気ぶりが分かる。

『漱石全集』は、現在に至るまで、岩波書店の主要出版物の一つに数えられる。関東大震災後の24（大正13）年と28（昭和3）年、漱石の20回忌に合わせた35年、新書判の56年、漱石生誕100年・没後50年記念の65年、そして93年と、最新版を出し、その都度、新たに見つかった資料を加えたり、注解をわかりやすくしたりと、充実を図ってきた。

当時の規定で著作権の保護期間が終わる漱石没後30年の46年以降、桜菊書院を皮切りに、創芸社、角川書店など他社も漱石の全集を編んだ。集英社が70年に出した全集のように、原稿にまでさかのぼった編集で注目を集めたものもあったが、岩波は伝統の強みを生かす。

□　□

漱石文学は、現代の文芸にも影響を与えている。

例えば、三上延さんの人気小説『ビブリア古書堂の事件手帖』の第1話は、岩波の『漱石全集』

がテーマ。また『神様のカルテ』の主人公、栗原一止は、漱石の『草枕』が愛読書という設定だ。長野県在住の著者、夏川草介さんは、信州大生時代に『漱石全集』を購入し、繰り返し読んできた。「和、漢、洋の幅広い知識から出てくる言葉が織りなす豊かな世界がある。リズミカルで、音読に向いている」と魅力を語る。

漱石研究者の平岡敏夫・筑波大名誉教授は、時代を超えた漱石人気の理由の一つを「権力や財力を持たず、社会の主流になれない人たちの気持ちを、代弁してきたからではないか」と分析する。

漱石の作品を、明治維新で没落した旧幕府側に肩入れする立場で書いた「佐幕派の文学」と位置づける平岡さん。「これでも元は旗本だ」とたんかを切る『坊っちゃん』の主人公をはじめ、『こころ』の「先生」など、漱石は金や権力、成功、地位といった「この世で支配的な価値観」に背を向ける人物を多く描いている。

漱石の父親は、幕藩体制の一翼を担った名主の筆頭で、維新後は下級役人となり、結局免職された。青年時代の漱石が味わった貧苦と権力への反発心が、その文学の原点にあったという。「大きな者や強い者に、自分の魂を売らない。漱石の反骨心や気骨は、茂雄や、その後の岩波書店の姿勢にもつながっているのではないか」。平岡さんはそう考えている。

コラム

〈小説『門』のモデル鎌倉の寺　漱石の命日、集うファン〉

鎌倉・円覚寺で平岡さん（右）の講演を聞く漱石ファン

鎌倉市の円覚寺帰源院。漱石自身が参禅し、小説『門』で、主人公の宗助が参禅する寺のモデルとされる。2012年12月9日、漱石の命日に合わせて、愛好家でつくる「鎌倉漱石の会」の例会が同寺で開かれ、法要を営んだ後、平岡さんと鳥取大の北川扶生子・准教授がそれぞれ講演した。

現代の漱石人気を表すかのように、全国からファンら約200人が参加し、堂内に入りきれずに庭で聴講する人も。

同会会員で、「長野漱石会」の代表を務める永井貞寿さんも参加。中学生時代、『草枕』を読んで感動して以来の漱石ファンという。自宅の書棚には『漱石全集』のほか、漱石関連の本が並ぶ。「研究者でも何でもないが、漱石好きの人たちと集まって、漱石の話をするのが楽しい」

6 命運託した『哲学叢書』成功

——生き方問う若者らを魅了

〈この叢書《そうしょ》12冊を熟読すれば、世界の最新・最高の思潮に触れることができるだけではなく、さらに一歩進めて、自分の生活と思想とを形成するのに益するところは小さくないでしょう〉

岩波書店が創業の翌々年の1915（大正4）年10月から2年間、相次いで刊行した『哲学叢書』。各巻末には、店主・岩波茂雄の「刊行に就いて」が載っている。当時、茂雄は30代半ば。『哲学叢書』出版にかける意気込みと自信が文面からうかがえる。

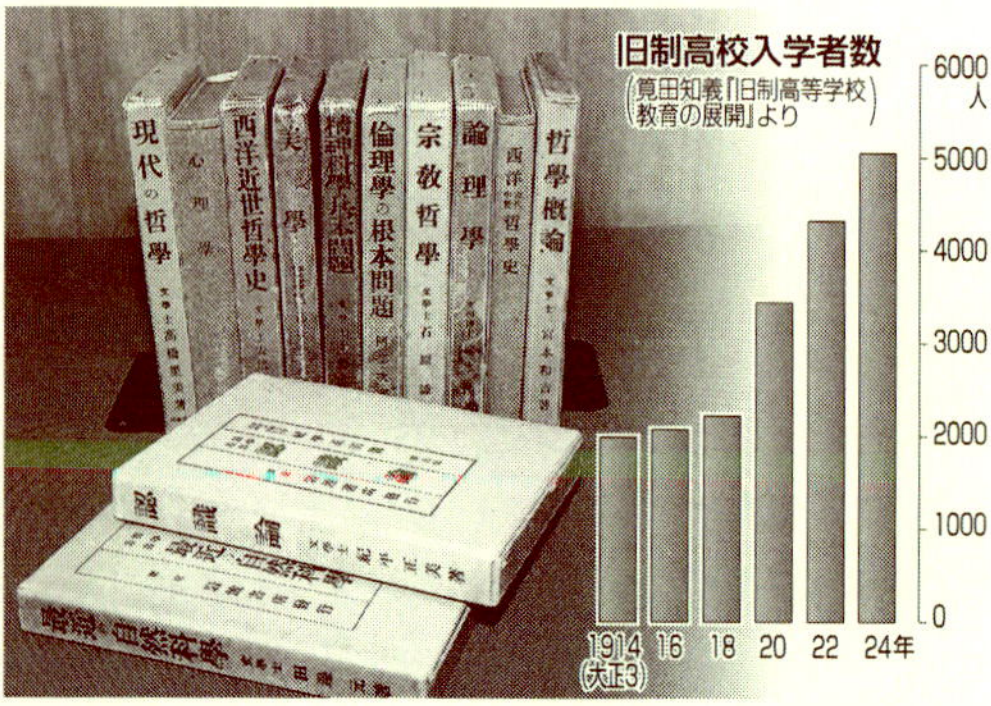

信州風樹文庫（諏訪市）が所蔵する岩波書店『哲学叢書』

12冊は、初回の紀平正美《きひらただよし》『認識論』のほか、田辺元『最近の自然科学』、阿部次郎『美学』、安倍能成『西洋近世哲学史』など、各学問分野を分かりやすく解説する内容が中心だった。茂雄の旧制一高時代以来の友人である安倍、阿部、上野直昭の3人が編集に当たり、著者も、茂雄の友人や先輩後輩。当時、新進の学者たちだった。

茂雄は銀行から700円（現在の数百万円に相当）の借り入れをし、この叢書刊行に命運を託した。創業の翌年に出した『こころ』は人気作家の夏目漱石の本だったのに比べ、学術的な同叢書は難しい内容で、著者たちも無名に近く、どう受け入れられるのかは分からない。茂雄らは「せめて1000部でも」と淡い望みをかけた。

だが、結果は予想を上回る売れ行きに。〈全十二冊の為に用意しておいた紙が、二、三冊分でなくなるという勢《いきおい》であり、恐らく二十数年に亘《わた》って広く読まれ、何百版を重ねるものが、その大半を占めるという有様であった〉（安倍能成『岩波茂雄伝』）。中でも最も売れた速水滉《ひろし》『論理学』は、大正末までの10年間で7万5000部。漱石の絶筆として話題となった『明暗』が発売から6年間で計3万部余だったことに比べても、相当な人気だったことが分かる。

岩波書店は同叢書の成功を受けて、西田幾多郎『自覚に於ける直観と反省』、カント『実践理性批判』など、次々と哲学の本を刊行。〈岩波書店は哲学書の出版社として存在を認められるに至った〉（『岩波書店八十年』より）。さらに鳩山秀夫『日本債権法総論』、ポアンカレ『科学の価値』など、法学や科学など、ほかの分野の学術書の刊行にも手を広げていった。

□　□

哲学書、学術書がよく売れた背景には、大正期に、国民の知識・教養のレベルが向上し、読者層に厚みと広がりが生まれたことが挙げられる。明治期まではこうした本の読者は、ほんの一握りのエリート層に限られていた。

18（大正7）年12月、原敬内閣は「高等学校令」を改め、「地理」「数学」「自然科学」「哲学概説」が新たな科目に加わったほか、「大学令」により、専門学校の扱いだった早稲田や慶応などが、私立大学となることが認められた。翌19年には、旧制松本高校をはじめとする旧制高校の増設を決定。それまでの8校から5年間で約3倍の25校となり、入学者数は18年の2220人から24年には5052人へと急増した。

「第1次世界大戦（大正3〜7年）に伴って、日本はバブル期のような好景気に恵まれ、産業が発達した。このため、専門知識を持つ人材が必要とされた」

大正期の社会や思想に詳しい日本女子大の成田龍一教授は、当時の時代状況をこう説明する。

庶民の生活水準が向上し、子どもへの教育に目が向くようになり、地方や農村部でも教育や学問への熱は高まった。長野県東部の上田・小県地方では21年、農村の青年たちが、哲学者や法学者を招いた自主講座「上田自由大学」を開設。県内の下伊那や松本をはじめ、全国に広がった。

□　□

当時、若者たちの間では、国家のために尽くす立身出世主義から、自分の人生の意義について深く考える態度が目立つようになってきた。「生き方の根を失ったような状態だった若者たちは、物事を根源的に考える哲学に引かれたのではないか」。東大名誉教授・鎌倉女子大教授の竹内整一さんはこう見る。

当時の若者たちの先駆けの一人が、旧制一高時代、「人生とは何か」に苦悶《くもん》した茂雄。選科生として学んだ東京帝大では哲学を専攻、卒論は「プラトーンの倫理説」だったという。茂雄は、書店創業後間もなく力を入れて取り組む出版物として、自分の専門分野である哲学を選び、それが時代のニーズにうまく合ったと言えるだろう。

「先が見えない時代に、茂雄は人生や世界とは何かと根本から考えようとして、それを出版のかたちで表現した。『哲学叢書』が、岩波書店の出版の基本を決めたと思う」。竹内さんはそう分析する。

コラム

〈松本市民らが「哲学の会」 月2回哲学書に向き合う〉

テキスト本をもとに自分の考えを述べ合う「哲学の会」の会員ら＝松本市

松本市民らでつくる「哲学の会」は、公民館の哲学講座の受講生がさらに理解を深めたいと、1985（昭和60）年に発足し、毎月2回開かれている。

現在は、信州大名誉教授の平木幸二郎さんが講師を務める。2013年2月上旬の会では、上田閑照著『宗教』（岩波現代文庫）をテキストに、毎回約10ページずつ読み進め、疑問や感想を出し合った。同書に出てくる「死んで生きる」の具体例について、「景色を見て感動したときの感覚に近い」「罪を犯した人が改心したときのことだと思う」などと、ざっくばらんに語り合った。

会員の常田啓子さんは「哲学書を読むことは、自己をいったん解体して、新たに構築していく作業。大正時代、『哲学叢書』を買い求めた若者たちも、自分がどう生きるか、どう死ぬかを求めて哲学書に向き合っていたと思います」。

7 関東大震災からの復興

——需要増の中「良書を」貫徹

〈漱石が書いた「岩波書店」という額は、小売部の壁面からはずすことが出来なかった。そのころすでに火が諸方からおきて、ここにいることは危険になって来た。(中略)午後一時頃であろうか、そのころは下町全体が煙に包まれていた〉

1923(大正12)年9月1日正午前に発生し、建物全半壊、焼失家屋それぞれ20万超、死者・行方不明者11万人弱の大きな被害を出した関東

震災後、復興に向け、店舗建設を急いだ。写真は、棟上げ時に撮影したもの(岩波書店提供)▶

関東大震災の被害状況などをまとめた『震災予防調査会報告』(諏訪市の信州風樹文庫所蔵)◀

大震災。後に岩波書店の会長を務める小林勇（1903〜81年）は著書『惜櫟荘主人《せきれきそうしゅじん》』で、激しい地震の後に起きた火災の様子を、こう振り返っている。

入店3年目、20歳だった小林は、ほかの店員とともに、店舗のあった神保町から、小石川（現文京区）にあった茂雄の自宅に避難。その夜、小林は高台に立って、燃え盛る町を明け方近くまで眺めた。

創業から10年。夏目漱石の作品のほか、哲学をはじめ学術書を世に送り出し、読者や著者の信頼を得つつあった。店員22人と茂雄の家族は全員無事だったものの、店舗や倉庫計5棟と印刷所を焼失。苦心してつくった本は灰となり、多大な損害をこうむった。

岩波書店のほか冨山房、三省堂など書店や出版社が集まっていた神保町一帯は炎に包まれ、東京書籍商組合（1725人）のほぼ半数、また東京出版協会（212人）は約8割が社屋の焼失や従業員の死亡といった被害を受けた（『日本出版百年史年表』より）。『白樺』『新興文学』など、休刊・廃刊に追い込まれた雑誌もあった。

□　□

「困難が来るたびにぼくは元気になるよ」「新規蒔《ま》き直しで大きな仕事ができる」「もう一度元の振り出しに戻ると思えば何でもない…」

茂雄は震災にめげるどころか、こんな言葉を周囲に伝えながら、猛烈に仕事に打ち込んだ。焼け跡の片付けをする一方、自転車で著者の家々を訪ね回ったり、残った印刷会社に赴き、岩波を優先してもらうよう掛け合ったりした。

火災の直前、店員が重要書類や原稿を持ち出して無事だったことも幸いして、復興は急ピッチで進んだ。11月にはいち早く神保町の焼け跡にバラック小屋を建て、店頭販売を再開。その年の新刊の出版は前年の半分近い27点と落ちこんだが、翌24年は80点、25年は88点と、震災前を上回る勢いで本を出していく。

〈ほとんどの出版業者が被害をうけ、印刷所や製本所が焼けたので、一時的に生産が落ちた。それによって起った品不足から、どんな本でも大部数が要求された〉(『惜櫟荘主人』より)。復興が順調だったのは、こうした本への需要の高まりをとらえたからでもあった。

□　□

大災害後に本の需要が高まるという社会現象は、2011年3月の東日本大震災の被災地でも見られた。

本の取次大手のトーハンは同年5月、被災した書店と共同で、宮城県気仙沼市など3カ所で1週間ずつ、屋外に本を並べて販売する「移動書店」を開催。震災関連の本をはじめ、地図、辞書、住宅、教育といった実用書はもちろん、小説、新書、文庫本など分野を問わずよく売れたという。同社東部支社長の石川二三久さんは「気仙沼では、開店前から20人前後が列をつくって本を運ぶトラックが着くのを待っていた。本もまた生活必需品なんだと思いました」。

□　□

関東大震災後に起きた本の需要増は、岩波書店だけでなく、各出版社にとっても大きなチャンスだった。

とりわけ、被災地の様子や何が起こったかを詳しく伝える出版が多かった。雑誌『改造』(改造社)や『文章倶楽部』(新潮社)などが震災特集号を組んだほか、『東京大震大火画報』(主婦之友社)など、視覚に訴える出版も目立った。大日本雄弁会講談社(現・講談社)が刊行した『大正大震災大火災』は、表紙に炎に包まれる東京の絵をあしらって人目を引き、「死んだ児に『おつぱい』」「身代わりをした鞄《かばん》」など、震災時にあった人情話や秘話、美談を数多く掲載。約40万部という異例の大ベストセラーとなった。

岩波は人々の耳目を引きやすい出版からは一線を画した。雑誌『思想』の「震災特輯《とくしゅう》号」にしても、「東京市街地に於ける震度の分布」「流言蜚《ひ》語の心理」など、科学的な分析や識者の論考がほとんど。また翌24年までに、思想や法学などの学問分野で、識者らが復興への課題を提言する『復興叢書《そうしょ》』（東京商科大一橋会編・全5巻）を刊行。さらに25～26年には文部省の『震災予防調査会報告』（全6巻）の出版を引き受けた。

『報告』の売れ行きは、さすがに芳しくなかったようだが、〈良書を出版して世を益する〉（安倍能成著『岩波茂雄伝』より）という方針は、関東大震災後も変わることがなかった。

コラム 〈「東日本」被災翌月から稼働――大船渡の出版社 地域の情報を次世代へ…それが使命〉

「震災の翌朝、またゼロから頑張ろうと、なぜか生まれ変わったような気持ちになった。関東大震災のときの岩波さんも同じような気持ちだったのかもしれません」

岩手県大船渡市の出版・印刷業「イー・ピックス　大船渡印刷」の熊谷雅也社長は、2011年3月の東日本大震災を振り返り、こう語る。

会社の建物は津波にのまれたが、家族と社員は無事。4月には自宅の敷地にプレハブの仮設社屋を建て、辛うじて持ち出したハードディスクに残ったデータなどから、本づくりを再開した。

同市の医師、山浦玄嗣《はるつぐ》さんが方言で訳した『ケセン語訳新約聖書』など、地元に密着した本を手掛けてきた同社。熊谷さんは「地域にある貴重な情報を加工して、次の世代や全国に届けるのが私たちの使命。震災を通して、あらためてその思いを強くしました」と話している。

プレハブの仮設社屋の前に立つ
「イー・ピックス」の熊谷社長

8 低価格化の波——岩波文庫創刊

——名著手軽に…高めた「知熱」

〈岩波茂雄のいらだちは、大正が終り、昭和二年につづいた。そしてその夏、「岩波文庫」の発行になったのだ〉

同文庫の創刊に関わり、後に岩波書店会長を務める小林勇は、自伝『一本の道』で、当時をこう振り返っている。

茂雄の〝いらだち〟は、大正から昭和となった1926年、「改造社」が、1冊1円という、それまでの半額以下の価格で『尾崎紅葉集』に始まる『現代日本文学全集』（全62巻と別巻1）を発売したことに端を発していた。丸の中に「一円」と大きく描いた派手な広告も出し、数十万部の予約が

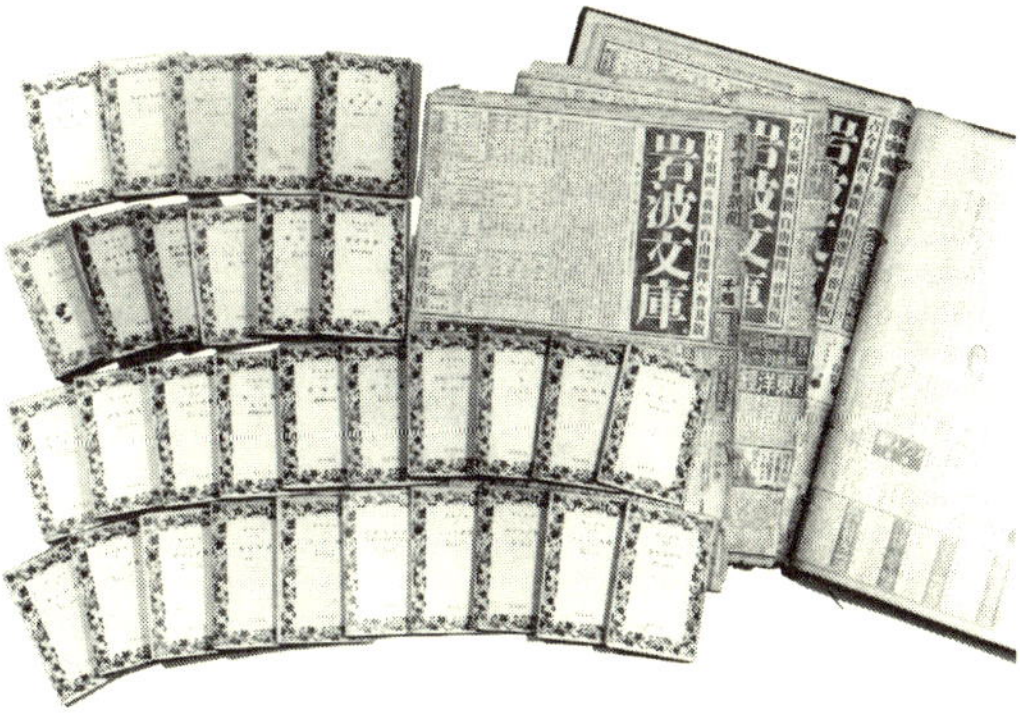

創刊時の岩波文庫と新聞広告（岩波書店提供）

殺到した、異例の大ベストセラーとなった。

これに新潮社『世界文学全集』、春秋社『世界大思想全集』、春陽堂『明治大正文学全集』など、他社も1冊1円の全集を発表。にわかに「円本ブーム」が巻き起こった。

話題づくりを先行させるような改造社社長、山本実彦《さねひこ》（1885～1952年）のやり方に常々批判的だった茂雄。だが、いくら批判しようと、読者は円本を歓迎する。ようやく重い腰を上げて検討を始めると、他社に先を越され…。茂雄のいら立ちは日に日に募った。

□　□

「日本版レクラムだ！」

追い込まれた茂雄の頭にひらめいたのは、旧制一高や東京帝大時代に親しんだ小型の本だった。ドイツのレクラム社が発行し、ゲーテ『ファウスト』、シェークスピア『ロミオとジュリエット』など、古今の名著を低価格で手軽に読めた。これと同じものを日本でも出せば…。相談相手としていた若手の哲学者・三木清（1897～1945年）も交えて計画が動きだした。

先例はあった。14（大正3）年～16年に発行された「アカギ叢書《そうしょ》」だ。イプセン『人形の家』、『ダーウィンの進化論』など文芸、科学、歴史など多分野にわたり100点余を刊行。1冊10銭という安さで人気となった半面、どんな大冊でも100ページに要約してしまうという作りで、「安かろう悪かろう」のそしりを免れなかった。

これに対して、茂雄が考えたのは、小型でも内容がしっかりした本。原文を尊重し、必要があれば各分野の専門家に、校訂や編集を依頼して、〈従来のいづれよりも信用し得るものを特に新たに作る〉（山崎安雄『岩波文庫物語』より）という方針とした。

カレーライスが1杯20銭、もりそば10銭という時代に、100ページごとに20銭という価格を検討。セット販売のため総額では高くつく円本と比べて、気軽に好きなものを自由に買えるほか、ポケットにも入るサイズは携帯にも便利…。従来、高価な単行本でしか読めなかった古典が、街角にあふれるというアイデアは、茂雄を興奮させた。

採算面などで反対する声が著者や一部店員から出たが、小林や長田幹雄ら店員の努力もあって、27（昭和2）年7月、ついに創刊にこぎつけた。

〈今や知識と美とを特権階級の独占より奪ひ返すことはつねに進取的なる民衆の切実なる要求である。岩波文庫は此《この》要求に応じそれに励まされて生まれた。それは生命ある不朽の書を少数者の書斎と研究室とより解放して街頭に隈なく立たしめ民衆に伍せしめるであらう〉

新聞の半ページを占めた岩波文庫創刊の広告に、茂雄はこの「読書子に寄す」と題した文章を載せた。そこには、知識や古典を広めたいという茂雄の願いが色濃く反映されている。

第1回の発売書目としたのは、『新訓万葉集』『こころ』『ソクラテスの弁明・クリトン』『実践理性批判』『古事記』『藤村詩抄』など31点。装丁は日本画家に依頼して格調高い雰囲気を出したほか、20銭ごとに星印（★）の数で記し価格を分かりやすくするなど、工夫を凝らした。

□　□

〈日銭の這入《はい》らぬ百姓にも世間並の知識欲の芽生えがある。（中略）俺達は乏しい財布で貴文庫を支持しよう〉〈つくづく岩波氏の志に心を打たれました。20銭ずつで読んで行こう〉（『岩波文庫の80年』より）。不安をよそに、発売直後から反響が寄せられた。こうした古典・名著をそれまでは読みたくても高価で手が出なかったような人々からも支持を得た。中には「わが生涯の教養を岩波文庫に託す」との言葉もあり、茂雄は後に「本屋になってよかった」と振り返った。

同文庫の人気ぶりを見て、まもなく改

岩波文庫の累計の売り上げ上位 10 作品

	著者	作品名	初版の刊行年	累計の部数
1	プラトン	ソクラテスの弁明・クリトン	1927年	162万8000
2	夏目漱石	坊っちゃん	1929年	139万
	ルソー	エミール(上)	1962年	139万
4		論語	1933年	131万4000
5	夏目漱石	こころ	1927年	130万
6	中勘助	銀の匙	1935年	128万1000
7	マルクス、エンゲルス	共産党宣言	1951年	127万1000
8	西田幾多郎	善の研究	1950年	121万4000
9		歎異抄（※親鸞の語録）	1931年	120万
10		古事記	1927年	119万9000

造社をはじめ、新潮社（第3次）、春秋社など各社が文庫に参入。円本ブームから一転、文庫ブームが巻き起こった。改造社の「改造文庫」は岩波の半額、100ページ10銭という安さだったが、流行作家の作品を何でも入れるといった方針は、岩波ほどの信頼を得られなかったという。出版ジャーナリストの塩澤実信《みのぶ》さんは「古典や名著を手軽に読めるようにした岩波文庫は、国民全体の〝知熱〟を高め、文化の裾野を押し広げた」と話している。

コラム 〈文庫、高まる存在感 「紙の本の最終形態」〉

「電子書籍の普及で読者の低価格志向が進めば、単行本の苦戦が予想される。そうした中でコストダウンのできる文庫本の価値は相対的に高まるだろう」――。『文庫はなぜ読まれるのか』（出版メディアパル）の著者で、実業之日本社の岩野裕一・第二出版本部長はそう指摘する。

同書によると、書籍販売における文庫の割合は70年代以降急激に高まり、85年頃からは部数で30％前後を占めるようになった。96年以降、書籍全体の販売金額が減少する中でも、文庫の減少率は小幅にとどまったほか、最近は東野圭吾さんら人気作家が、新作を文庫本で刊行するなど、文庫本の存在感は高まっているという。

岩野さんは「今後、特に文芸書は文庫が主流になっていくのではないか。数百円と安く、気軽に衝動買いできる文庫本は、読書の楽しさや喜びを味わえる紙の本の最終形態とも言える」と話している。

9　マルクス主義の学問的・研究的な紹介

——言論・思想統制と闘い続け

　昭和が幕を開け、岩波書店は岩波文庫創刊に続けて1928（昭和3）年、岩波講座『世界思潮』（全12巻）の刊行を開始する。刊行には「優れた大学の先生の講義を天下一般に解放しよう」という、創業者岩波茂雄の強い願いが込められた。

　学術的価値を重んじた茂雄の視線は、当時、日本でも知識人らの学問の研究対象となっていたマルクス主義に向かう。それが、戦時中

『日本資本主義発達史講座』刊行を告げる看板を社屋に掲げた岩波書店＝1932年、岩波書店提供

の言論統制との闘いの始まりだった。

　労働運動や農民運動が盛んになった20年代。その理論的支柱として、近代資本主義社会を研究し、社会主義・共産主義を理論化したドイツのマルクス（1818〜83年）やエンゲルス（1820〜95年）の著書の翻訳・出版が盛んに行われた。

□　□

「マルクスの名は全世界に横行する怪物の名である。（中略）かの不思議なる力の源泉である資本論は、何人もが自己の知識と論理とをもって理解し、検証《けんしょう》し、批判し得るところの純然たる学術書である…」

　27年9月29日付の信濃毎日新聞には、マルクス『資本論』の岩波文庫からの刊行を告げる広告が「資本論は時代を作り、歴史を作る書である」と躍った。この前日には、改造社が『資本論』刊行の広告を同紙に掲載した。

　資本主義社会の経済的運動法則を分析した『資本論』は日本では、高畠《たかばたけ》素之《もとゆき》が初めて完訳。25〜26年新潮社版が出た。改造社版は高畠訳による普及版で、岩波書店は当時、マルクス経済学の権威とされた河上肇らの共訳で挑んだ。

　28年には、『マルクス・エンゲルス全集』の刊行が、改造社と、岩波書店や左翼系出版社による五社連盟から、それぞれほぼ同時に発表される。連盟版は全20巻の刊行を計画した。しかし、編集作業は遅れ、進まず、連盟版の計画は頓挫。岩波は『資本論』を5冊出したものの、改造社版『全集』にも関わっていた河上との関係悪化により、29冊も残し刊行は途絶えた。

次に、岩波は、明治維新と以後の日本社会、資本主義経済の発達過程を分析する狙いから、31年、野呂栄太郎、羽仁五郎、山田盛太《もりた》郎《ろう》らマルクス主義理論家を集め『日本資本主義発達史講座』の刊行準備を始める。

茂雄自身は「マルキストでも共産主義者でもないが、日本国民を大国民にする為《た》めにはその思想を世界的ならしめねばならぬ」（『回顧三十年』より）との考えで、羽仁らからの『日本資本主義発達史講座』刊行の働き掛けも、「主義の宣伝でなく飽くまで学問的、研究的にするならば」と受け入れた。

日本近代史研究家の伊藤晃さんは、「20〜30年代に『マルクス学』は知識人らの教養に必要だった。教養主義から出発している岩波が出版の手を広げていくのは当然だった」と説明する。

□　□

一方、22年、世界初の社会主義国としてソビエト連邦が成立したことは資本主義国の脅威となり、日本でも政府当局によるマルクス主義学者や共産党員の弾圧が強まった。そして言論、思想統制の時代へと突き進んでいく。

32年からの同講座の刊行は、当局の検閲による妨害も予想された。茂雄は、内務省の警保局図書課長に面会して〝根回し〟をするとともに、あくまで純粋な学術書として合法的範囲の内容になるよう、編集・執筆陣も半年という「異例」の話し合いを重ねた。だが全7巻のうち4巻目からは突如、ほとんどが発売禁止か削除処分を受ける。結局、大幅な内容の変更を迫られ、33年、配本を終えた。

戦後、茂雄は「言論自由の世を迎えて弾圧時代を語れば尽る所がない」（『回顧三十年』）と回想しているが、45（昭和20）年の終戦まで、闘いは続いた。その講座にかかわった学者らは、治安維持法違反などで相次いで摘発された。羽仁は大学教授職を辞し、敗戦は獄中で迎え、野呂は拷問を受け獄死。戦前、岩波文庫や岩波講座に深くかかわった哲学者の三木清も、終戦まもなく獄中で息絶えた。

歴史家の色川大吉さんは「政府の取り締まりの中で戦時中は触れるのも危険だった『日本資本主義発達史講座』だが、戦後は日本近代史を学ぶ者たちが一斉に重んじた。左翼のイデオロギーにとらわれるものではない、科学的、学問的論文集であり、日本の歴史学の基礎文献になった」と岩波書店の姿勢を評価している。

文藝春秋の「文」マーク

筑摩書房のシンボルマーク

ミレーの「種をまく人」を基にした岩波書店のマーク

中央公論新社のロゴマーク

小学館が1927年から学習雑誌の表紙に載せた「勉強マーク」。戦後は社名を左から書き、男児と女児のデザインも変わった

コラム

〈出版社、今に続くロゴマーク〉

岩波書店は創業20周年を迎えた1933（昭和8）年、会社のマークを、版画家の橋口五葉が描いた「かめ」からフランスの画家ミレーの「種をまく人」に変えた。諏訪の農村出身である茂雄が、座右の銘としたイギリスの詩人ワーズワースの詩の一節「低く暮らし、高く想う（低処高思）」という精神を基に、「文化の種をまく」との決意を込めた。当時の思いを今に受け継いでいる。

塩尻市出身の古田晁《あきら》が始めた筑摩書房は、創業した1940（昭和15）年、美術評論家で本の装丁も手がけた青山二郎がデザインしたタカをシンボルマークに。今も新書や学芸文庫、選書などに使用している。

文藝春秋が社章とし、新書の背表紙にあるの

が、古代中国の「文」の字をかたどったマーク。同社の社史によると、1960年代半ば、当時の社長が発案した。

小学館は戦前から学習雑誌に、机に向かい合って座り勉強する子どもを描いた「勉強マーク」を採用。時代によってデザインは少しずつ変わっているが、世代をまたいだなじみ深さがある。

最近では中央公論新社が2012年、創業130周年に向けた記念事業の一環としてロゴマークを作成した。

10 時流にあらがう精神――岩波新書創刊――

生きた問題を平易に解説

「私たちは何かをせずにはいられなかった。そして生まれた計画が、岩波文庫と異なって、生きた問題にとりくむ双書の出版であった」

1938（昭和13）年に創刊された岩波新書。岩波書店が67年にまとめた小冊子『急流の如く―岩波新書の三十年―』に、当時の関係者の思いがつづられている。

1930年代、軍国主義を推し進めた日本と、隣国中国との関係は悪化の一途をたどった。満州事変（31

戦前に発行された岩波新書赤版（手前）と、戦後の青、黄、新赤版

年）、盧溝橋事件の勃発《ぼっぱつ》と日中戦争（37年）…。日本文化は中国から多大な影響を受け、中国に恩義があると考えていた創業者の岩波茂雄は「中国と日本との関係が、切迫していることを考えて、いらいらして」（同書）、周囲に激しい言葉で日本の政策を批判。緊迫した対外情勢を背景に双書の計画は進んでいった。

□　□

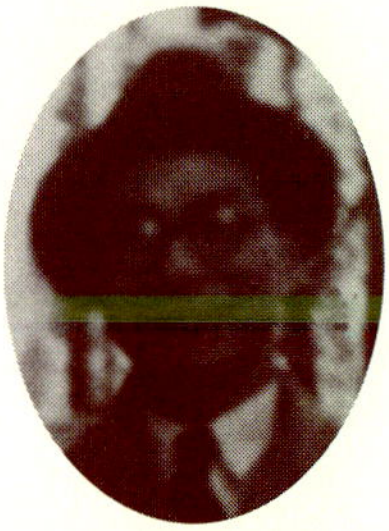
吉野源三郎

小林勇

編集部員の吉野源三郎はある案を思い付く。当時手にしたイギリスの「ペリカン・ブックス」を参考に、単行本より小さくて薄く、求めやすく、社会科学や歴史、自然科学など多方面のテーマを平易な言葉で解説する。その案は、「（岩波）文庫は古典の普及、今度の計画は現代の問題をつかまえて、一般の人にわかりやすいものを提供する」との構想を描いた茂雄に後押しされ、後に会長を務める小林勇らと計画を具体化していった。

大きさは縦17センチ、横11センチ。原稿用紙200枚程度、書き下ろしを原則とした。「新書」という名称を提案したのは、編集部員、長田幹雄。装丁は当初5色の図案が示されたが、茂

長田幹雄

雄は「電車に乗ると、あの人もこの人も赤い本を持っている、と目に付くようにならなければだめなんだ」と、赤一色での出版にこだわったという。

〈今や世界混乱、列強競争の中に立つて日本国民は果して此の（東洋平和の）大任を完《まっと》うする用意ありや…〉。茂雄自らが全文を書いた新書の刊行の辞には、当時の時流にあらがう、強い精神がにじんでいた。これには「感激した読者からの投書もたくさんあったが、右翼の連中からは、脅迫状となってこれもたくさんやってきた」（『急流の如く』）という。

初刊行の20冊は一律50銭の手軽さも受け「それぞれたちまち数万部を売りつくした」（同書）。巻頭書に位置づけられたのは中国で医学や伝道に生きたスコットランド人医師クリスティーの自伝的著書『奉天三十年』（上下）。対中国関係を重視する茂雄らの「静かな決意」の表れだった。また、羽仁五郎『ミケルアンヂェロ』（39年）では、ルネサンス期に自由都市フィレンツェの市民として身をもって闘ったミケランジェロを描き、吉野は後年、「（言論統制の）強圧の下にじっと息をこらしていた人々に、光のさし入って来るような思いをもたらした」と、その反響を振り返っている。

□　□

ただ、こうした時勢に関する本ばかりだと出版弾圧の対象として目をつけられる。創刊時は、川端康成『抒情歌』、横光利一『薔薇』といった小説を入れて柔らかい印象を与えるようにするなど、編集方針を工夫した。

茂雄はまた、「(新書の)寿命はあまり長くなくてもよい」と話していたが、斎藤茂吉『万葉秀歌』(上下)、三木清『哲学入門』など今も読み継がれている本は多い。

太平洋戦争が始まると、出版統制の強まりや用紙不足から41〜44年は1〜11冊、45年はゼロと休刊状態に。戦後は46年に3冊を出して再び中断したが、49年、カバーを青色に変えた「青版」で復刊。「黄版」(77〜87年)から、現在は「新赤版」となり、75年間で合計2926点(2013年3月現在)を出版してきた。

戦後、新書編集に携わった岩波書店の元編集部長、小川寿夫さんは「戦前の創刊時には時代のすう勢に迎合しない編集方針で、その意志をシリーズで発信するには緊張感もあったはず。出版界の大きな流れに対抗軸を持たせた気概があった」と話している。

コラム　〈戦後、何度も新書ブーム　手軽さ「出たとこ勝負」の面も〉

岩波書店が戦前、他社に先駆けた「新書」は、戦後、出版界で数回にわたって創刊ブームが起きた。出版不況と言われる近年も新刊点数は伸び続け、ベストセラーも多数生まれている。

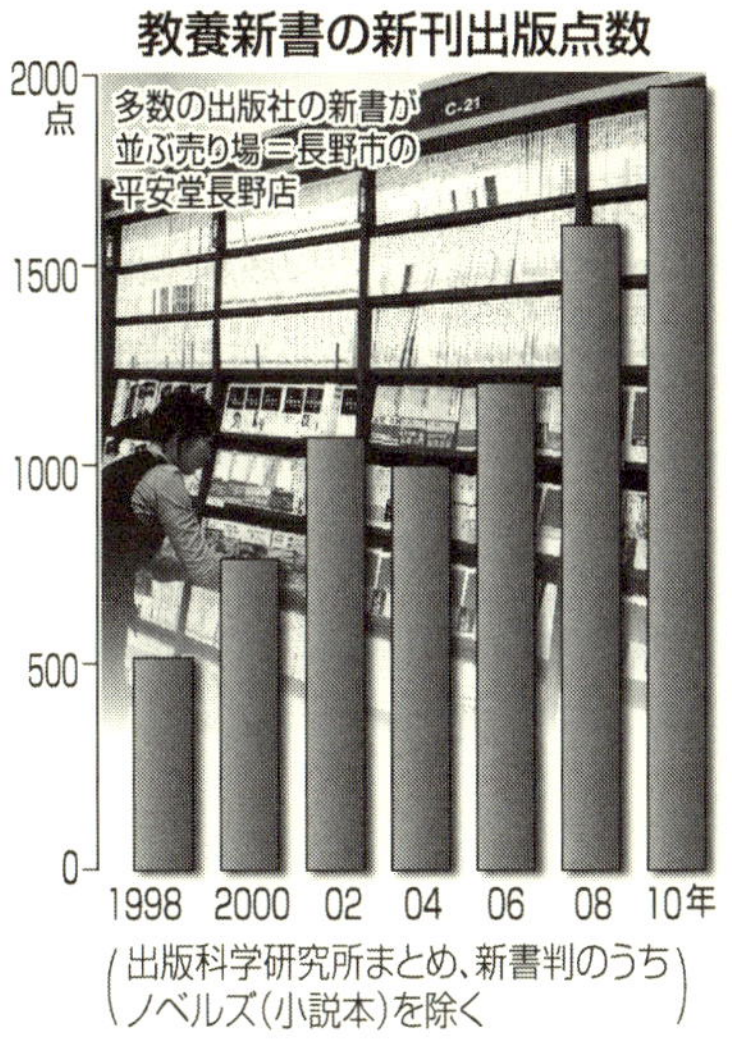

教養新書の新刊出版点数

多数の出版社の新書が並ぶ売り場＝長野市の平安堂長野店
（出版科学研究所まとめ、新書判のうちノベルズ（小説本）を除く）

１９５０年代半ばは角川書店や河出書房、中央公論など各社の新書判や光文社「カッパ・ブックス」が相次ぎ創刊。当時は約90種類もの新書レーベルであふれ、新刊２万１０００点余のうち13％が新書判だったという。

60年代は中公新書や講談社現代新書の創刊により、岩波新書と合わせ「御三家」と呼ばれるように。第3次ブームとされる90～２０００年代初めは、筑摩書房や文藝春秋、集英社、光文社、新潮社などが新書を創刊した。このうち新潮新書の

『バカの壁』（養老孟司著）が３００万部を超えるなど話題書も多く、新潮新書を「新御三家」の一つに数える人もいる。

最近も創刊は続き、年間の新刊点数は増えている。ただ売れる本と売れない本がはっきり分かれ、出版科学研究所によると、光文社新書の『さおだけ屋はなぜ潰れないのか？』（山田真哉著）など、新書がよく売れた06年は市場規模が２００億円に達したが、ベストセラーに恵まれなかった08年は１４２億円に。創刊ラッシュの陰で事実上の休刊も出ている。

近年は趣味・娯楽的志向や話題性を狙い、教養新書という従来の位置付けにあてはまらない作品も。「廉価版としての新書が、出たとこ勝負になっている」（出版科学研究所）との指摘もある。

11 津田左右吉と岩波茂雄、起訴される

――戦時でも貫いた教養主義

「昭和15（1940）年は、日本にとっても岩波書店にとっても、いよいよ重大緊迫を加えた年であった」

『岩波茂雄伝』で、著者の哲学者安倍能成はこう記している。太平洋戦争開戦の前年であり、日独伊三国同盟が締結されたこの年、軍部の権力はますます強まり、内閣には情報局が設立され、「国策」に忠実に従うように強権的に言論統制が進められた。

そうした情勢下、2月、日本史学者の津田左右吉《そうきち》

出版法違反でともに起訴された津田左右吉（右）と岩波茂雄。言論弾圧や用紙不足により出版事情は厳しさを増していった（岩波書店提供）

が岩波書店から出した『古事記及日本書紀の研究』『神代史の研究』『日本上代史研究』『上代日本の社会及び思想』の4冊が発禁処分となる。前者二作は16年前に、後者二作は1930年代前半に出版された本だったが、当局は、古事記や日本書紀の史実性を認めていないことが「皇室に対する尊崇の念を破壊する」などと糾弾。津田と茂雄は3月、出版法違反で起訴される。「検閲自体は明治時代から組織的に行われてきたが、翌41年の太平洋戦争に突入していく緊張感の中で、岩波書店などの本が、過去にさかのぼって左翼出版物というレッテルを貼られた」。国立国会図書館長の大滝則忠さんは指摘する。

茂雄は裁判の中で、「(津田)先生の本を出すことは学界のためにもなり、日本のためにもなり、国家社会のためにもなるということを固く信じておりますので、こういう問題が起きたことは非常に意外であって、何かの間違いではないか」と、皇室冒瀆《ぼうとく》罪に問われたことは自分の志に反することであると述べている。

また、津田を攻撃した右翼の蓑田胸喜に宛てた書簡では、一冊の雑誌、一冊の図書を出版するのにも学術のため、社会のためを思わないことはなく、(右翼の信奉する)吉田松陰の全集を出すことと、(左翼の信奉する)マルクスの『資本論』を出すことに関して出版者としての態度は一貫しているのだと記している。

□

□

茂雄は、反国家的な思想を持っていたわけではない。あくまでも出版人として、社会のためになる良書を出すという方針を持ち続けた。それによって、著者をはじめ学術関係者と読者の支持と信頼を得ることができた。

1942（昭和17）年11月、東京で開かれた岩波書店創業30年を祝う催しには、学術、文芸、芸術などの各分野や政財界から500人余が参加し、盛大に開催された。

司会を務めた安倍能成は後に「この日以降降伏まで、恐らくこれだけの量あり質ある公的宴会は、日本になかった」と振り返っている。教養主義を掲げた岩波の出版功績を文化人らが振り返った宴は、「自由主義者最後の晩さん会」とも評された。

参列者の中には津田左右吉の姿もあった。津田と茂雄は一審でいずれも執行猶予付きの有罪とされたが、検事側は刑が軽いとして控訴。弁護側も控訴したが、44年11月には、公判が1年以上開かれていないため時効、免訴となる。

反戦思想を理由に東京帝大を追われた経済学者矢内原忠雄を擁護し、自らも治安維持法違反容疑で摘発された経済学者の大内兵衛は、後に「当時わたくしたちも岩波と同じ動機から法廷においてファッシズムと戦っていた。（中略）内心心細くもありました。そういうときに、（津田事件で）はるかに凜然《りんぜん》たる岩波の態度を見て、『ここに同志がいる、おれたちもまけてはならないものか』と」励まされたと振り返っている（61年の講演録より）。

□　□

一方で42年は、戦況が悪化し、出版社に分配される用紙の量は激減し、統制と相まって出版活動は細っていく。茂雄は新聞紙上で「紙なき時は銃を取り戦場に立つか、鋤鍬《すきくわ》を取って田を耕すなり、つるはしを持って石炭を掘るなり、自ら活くる途に覚悟をきめて」、戦時下こそ教養を高める哲学書や自然科学書を「最後の紙一枚まで」世に出すべきだとの持論を述べている。

当時編集部にいた小林勇の回顧録『惜櫟荘《せきれきそう》主人』によると、「時流にこび」、情報局の軍人に高い原稿料を支払う出版社もあったが、「岩波だけがいくらいじめても、いじめられっぱなしで一向に反応を示さない」ため、目の敵にされたという。

戦時史研究家の高崎隆治さんは、岩波が教養主義を崩さなかったのは、主な読者層が知識人で、大衆ではなかったことが一因と分析した上で「もうけや生き残りを考えて当局に迎合する出版人が大勢いた中で、岩波は、戦時色が強まっても同じ態度を貫いた」と評価している。

いく。内務省の命令で、東京出版協会や日本雑誌協会など既存の出版団体は解散、「日本出版文化協会」が設立。さらに本の取り次ぎ機関も組織された。

37年の日中戦争勃発《ぼっぱつ》以前は2万5000誌もの雑誌があったとされるが、40年ごろには8000誌余に激減。廃刊や統合が強引に進められ、警視庁検閲課も、新聞や雑誌社に出版

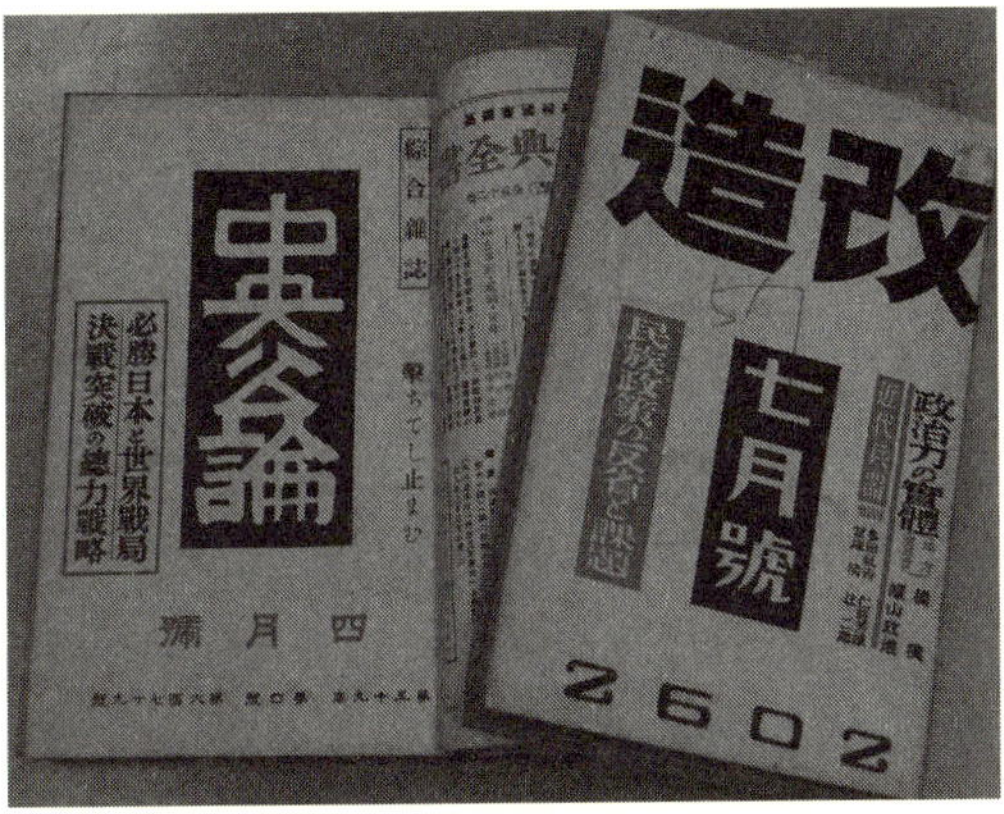

戦時中に発行された雑誌「中央公論」と「改造」。いずれも1944年に廃刊（県立長野図書館所蔵）

コラム

〈検閲と用紙統制、細る出版活動〉

戦前の出版に関する取り締まりは、明治維新後から内務省警保局が行った。1893（明治26）年に出版法が公布。そのころから同局図書課（40年に検閲課に改称）が、あらゆる出版物の検閲事務を担当。「安寧秩序を妨害し又は風俗を壊乱する文書図画」が、発売禁止処分の対象となったほか、削除や訂正、警告などの処分が行われた。

1931（昭和6）年の満州事変から45年の太平洋戦争終結までの15年戦争において、出版ジャーナリズムは次々と統制を受けた。40年に政府は委員会を設置し、新聞や雑誌の用紙統制を強化して

点数の縮小や雑誌の統合を命じた。

43年、出版文化協会は解散し、新たに「日本出版会」として、出版の企画指導から用紙など資材の配給調整などを行う政府の「完全統制」ができる。国家総動員法に基づく出版事業令を公布。3700社余の出版社は約200社に統合整備された。

編集者らが一斉摘発され、戦時下最大の言論弾圧とされる「横浜事件」を口実に、有力出版社の中央公論社と改造社は44年、当局に自発的廃業を勧告され、雑誌の「中央公論」と「改造」は発行を停止、両社は解散する。

岩波も、大正~昭和初期に創刊した雑誌『思想』『文学』『科学』が44年に相次ぎ休刊となった。

12 「慰問袋に岩波文庫！」

戦地の兵士を慰めた文学

ルソー『エミイル』、フィヒテ『ドイツ国民に告ぐ』、ヘッベル『わが幼年時代』、羽仁五郎『ミケルアンヂェロ』…。戦後ベストセラーとなった戦没学生の手記『きけわだつみのこえ』に遺書が掲載されている上原良司の安曇野市の実家には、茶褐色に色あせた戦前の岩波文庫68冊、岩波新書16冊が大切に保管されている。

良司は旧制松本中学（現松本深志高校）から慶応大に進み、１９４３年に学徒出陣で入隊。45年の戦争末期、22歳にして特攻死する。その出撃前夜、権力主義やファシズムの国

1939（昭和 14）年発行の岩波文庫「大尉の娘」。帯には「慰問袋に岩波文庫！」と標語が記されていた

家が「必ずや最後には敗れる」と言及した遺書を残した。実家に残された数々の本は、軍医となった兄2人が読んだものも含まれているが、良司もまた、岩波文庫の古典に親しみ、岩波新書から社会問題を考察し、ものの見方を得たのだろう。

□　□

従軍した兵士らにとって、本は戦地での大切な慰みであり、中でもコンパクトな文庫本は重宝がられた。海軍兵だった作家の阿川弘之さんはエッセーで、訓練地の台湾で教官の目を盗み、軍事学の教科書の陰に隠してこっそり読むのに岩波文庫がまことに都合がよかったと回想している。「武士道というは、死ぬことと見つけたり」との一節で有名な『葉《は》隠《がくれ》』は、持ち物検査で「(軍人の)証明書のような役割を演じてくれた」。いま、当時を振り返って「文庫は持っていくにも手軽で、『万葉集』などは教官にもとがめられなかった」と話した。

1939(昭和14)年発行した岩波文庫の帯には「慰問袋に岩波文庫!」と印刷されていた。岩波の教養主義に弾圧を強めていた軍部も、戦地には文学を中心に岩波文庫を大量に送っている。

戦地の兵士を慰めるための物品や金銭を管理していた陸軍恤兵《じゅっぺい》部は40年、岩波書店に、夏目漱石『虞美人草』、志賀直哉『小僧の神様』、ウェブスター『あしながおぢさん』など、岩波文庫から文学作品20点を各5000冊、計10万冊を注文。太平洋戦争中の42年にも軍は、岩波に、島崎藤村『千曲川のスケッチ』、森鷗外『高瀬舟』、幸田露伴『五重塔』など岩波文庫10点、計10万冊を発注した。

印刷用紙が不足する中、慰問用として用紙やインクが軍から配給されたという。岩波は軍部の大量発注に助けられた面もある。プロパガンダ的な雑誌を創刊するなど生き残りを図る出版社もある中、岩波などの各出版社は陸海軍に戦闘機を献上、戦闘機「岩波号」もあった。

戦地で兵士たちは、文庫本を回し読みしていたのだろう。戦後、岩波書店が作った小冊子『風雪に耐えて――岩波文庫の話――』には、帰還した元兵士が体験談を寄せている。「内務班の隅に主のない表紙のとれた岩波文庫が一冊転がっており、見れば漱石の『こゝろ』であった。それまで何度か読んだことのある『こゝろ』ではあるが、表紙とともに冒頭の何項かの失われたこの一冊の古本で読んだときほどに、強烈な印象と感銘を受けたことは生涯になかった」

□　□

一方で、本を読む自由が得られなかった兵士が多かったのも事実だ。松本市の池田錬二さんは、学徒出陣で早稲田大を繰り上げ卒業後、入隊時の荷物検査で岩波文庫『万葉集』や松尾芭蕉の句集を取り上げられた。その後、見知らぬ人からの慰問袋に入っていた歌集も、「そのような軟弱なものは軍隊に必要ない」と没収。自身は戦地に赴くことはなかったが、北海道の軍需工場、東京の軍事基地での任務中は「文学作品を読む暇のない」日々だった。

満州（現中国東北部）やフィリピンで従軍した下伊那郡の90代男性は「毎日が不眠不休で、とても本を読む余裕はなかった」。満州に渡り、敗戦後はシベリアに抑留された南佐久郡の80代男性は「捕虜となり、マルクスやレーニンが著した共産主義の訳本だけ読まされた」。

ある元兵士は戦地でした願い事を、戦後、こう振り返っている。「（慰問袋に入っていた『吾輩は猫である』を読みながら）いつの日にか家にいて、再び落ち着いた静かな心で本を読めるような日が来ることを」（『風雪に耐えて』より）。文庫は兵士の切なる望みとともに、戦時下を生き延びた。

コラム　〈戦時下の岩波書店で勤務　原和子さん（諏訪市）〉

〈苦しい世の中でも売れた文庫〉

諏訪市湖南の原和子さんは、諏訪高等女学校（現諏訪二葉高校）を卒業した41年春から44年春まで岩波書店で働いた。終戦から70年近くたち、同市出身の創業者岩波茂雄や、当時の出版事情に触れた人々がいなくなる中、「苦しい世の中で用紙もその配給もかなり制限された。

戦時中に岩波書店員だった原和子さん。当時読んだ岩波文庫などを今も大切に保管している

けれど、まだ空襲はなく、勤めは楽しかった」「青春期に岩波にいたことが人生にプラスとなった」と語った。

勤めた3年間は広告部などで仕事をした。41年の太平洋戦争開戦後、若い男性従業員たちは軍隊に召集されていった。防空服や頭巾をこしらえ、東京・神保町の社屋では空襲に備えて消火訓練も。43年ごろは米軍の偵察機が上空を飛ぶのを、社屋にあった寄宿舎の屋上から見たという。

一方、戦時下でも単行本や岩波文庫などはよく売れた。「注文が多く買えない本もあった」寄宿舎を離れ、出征した従業員の家に住まわせてもらった時期がある。それは、残された家族への茂雄の気遣いでもあった。「先生」と呼ばれた茂雄は、常にせっかちに歩き回り「ただ者ではない存在感」。だが、面倒見の良さなどから「とても人情の厚い先生でした」。

原さんは大学の夜間部に通い、教員として信州に戻ることに。最後に書店内で茂雄と会ったときには「原は、岩波と生死をともにする気はないか」と、働き続けるよう促された。そのときを思い出し、「召集や帰省で店員が次々と去り、先生は切なげで寂しげな表情でした」としのんだ。

13 諏訪への紙型疎開と「長野分室」

――戦後の再出発支えた信州

敗戦の一途をたどっていた1945（昭和20）年7月。9両の貨車が、旧国鉄上諏訪駅に到着した。中には岩波書店の大量の紙型《しけい》や、若干の印刷用紙が積み込まれていた。

紙型とは、活版印刷で使用する硬い紙でできた鋳型《いがた》のこと。紙型がないと版を重ねることができない。出版社にとって紙型は重要な財産だ。

同年2月、東京・神保町にも空襲があり、岩波の社屋屋上に焼夷《しょうい》弾が落下。幸い消し止められ大きな被害は免

活版印刷に欠かせない「紙型」。戦渦の中、岩波書店は紙型を諏訪に疎開させることで自社の出版活動再開に備えた

れた。しかし、東京大空襲など米軍の攻撃は激しさを増し、用紙を保管していた倉庫が焼失。岩波と縁のあった海軍の文官の助言から、紙型や資材などを疎開させて戦災から守り、再起に備えることにした。世田谷区に当時あった労働科学研究所に同年4月から用紙や印刷機、製本設備を移したのに続いて、創業者岩波茂雄の故郷の中洲村（現諏訪市中洲）への〝疎開〟となった。

旧制諏訪中学（現諏訪清陵高校）1年生だった竹村青堂《はるたか》さんは、学校の地域自治組織を通じて動員され、上諏訪駅から長い道のりを歩いた。「ばら積みで届いた紙型を大八車に載せ、皆で押して行ったのを記憶している」と懐かしむ。

実家の土蔵や、勤務していた農協の倉庫に荷物が運び込まれたという諏訪市の平林照子さんによると、米の供出で空いた場所に保管し、積め込んだ重みで蔵は床板が傷んだほどだった。「祖母が『火事でも出せば大変、と気が気でなかった』と話していました」。茂雄の実家跡地の近くに住んでいる岩波ちまきさんは、茂雄が村の公会所や水道工事の建設費を援助したことを挙げて「茂雄さんにはとても世話になった。尊敬の気持ちが村への疎開につながったと思う」と振り返る。

茂雄の娘婿で、後に会長を務める小林勇は、45年5月、言論弾圧を強める当局に、治安維持法違反容疑で摘発され、終戦後まで獄中にいた。このため、紙型の疎開に関わっていないが、少ない従業員と、中洲村民らのリレーについて、のちに感慨を込めてこうつづっている。

「紙型を全く失わなかったことは、戦後の岩波書店にとってどんなに大きなプラスであったか計り知れない。私は今日、この項を書きながら涙があふれている。岩波茂雄が故郷を愛したこともありがたく、故郷の人々が岩波を愛してくれたありがたさを考えたのだ」（『一本の道』）

□　□

45年5月の大規模な東京空襲では、茂雄の自宅をはじめ従業員の家も罹災した。翌月、「出版活動がほとんど休止状態となり、かつ疎開希望者が多数にのぼったので（中略）解散に近い人員整理を行った」（『岩波書店八十年』より）。44年末に130人いた従業員も、残ったのは幹部級の13人だけだった。

出版をめぐる状況がますます困難さを増していく中で、茂雄は信州で出版活動を続けられないかを画策。印刷を県内の業者に頼むことを決意する。

「今ではパンフレットさえ出せなくなってしまった。そこで生まれ故郷の信州を頼ってきた。何とか印刷を頼む」。長野市の大日本法令印刷の社史には、戦争末期に茂雄が来社した時の光景が記されている。

同社は、岩波文庫『一茶俳句集』の重版を皮切りに、戦後も岩波の文庫や新書、自然科学書などの印刷を数多く手がけ、同社と岩波は今日まで緊密な関係を築いてきた。社長の山上哲生さんは、同社が戦時、軍指定の印刷工場だった点を挙げて「用紙もない時代に、（検閲などで軍部ににらまれた岩波との取引は）リスクもあったはず。だが、組み版でミリ単位まで妥協のない岩波書店との仕事が、技術成長につながった」と話す。

大日本法令印刷との取引が始まったことを受けて、岩波は、同市妻科の実家に疎開していた岩波の元店員を頼り、同宅を「長野分室」と呼んで県内の拠点とする。45年11月には、この家と親戚の寺島三夫さんが、分室での業務を任された。この長野分室は49年まで置かれ、紙型の疎開と同様、戦後の再出発に大きな役割を果たした。

□　□

かねてから政治に深い関心を持っていた茂雄は45年、東京都多額納税者議員補欠選挙に立候補し、3月貴族院議員となる。終戦時は「敗戦は日本の天恵で、再び出版の正道をいく」と話し、意気盛んだったという。だが、終戦からひと月もたたないころに長男雄一郎が病気のため他界。茂雄もまた、長野市での知人の葬儀に参列した際、以前もあった脳出血の症状を訴え、約1カ月間、分室で療養する。

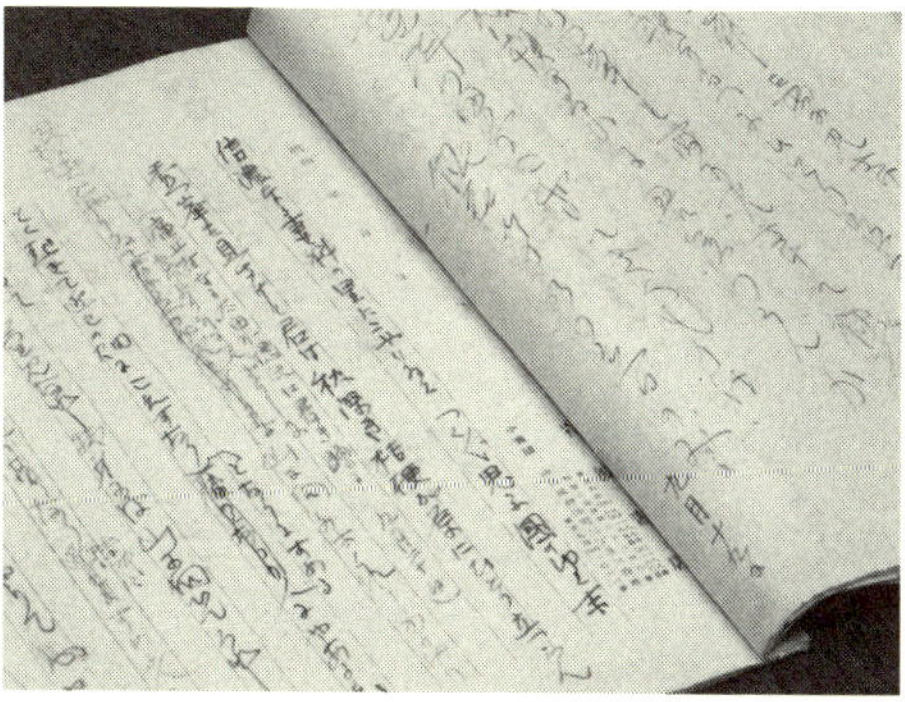

岩波茂雄が長野市で療養中にしたためた日誌。「信濃なる妻科の…」などの短歌も詠んだ

戦後に立ち向かう出版人の気概を見せた茂雄だったが、死は確実に迫っていた。療養中につけていた日誌には、複雑な思いを短歌にしてつづった。

我が病ひ癒えなば起たん我れ起ちて為さんと思ふことの多かり

信濃なる妻科の里にこやりゐてつくづく思ふ国のゆく末

コラム　〈空襲対策で印刷工場疎開〉

戦争末期、出版社が集中する東京への相次ぐ空襲は、出版社の印刷所・製本所に大きな被害をもたらした。45年3月の東京大空襲では、日本出版配給統制会社の倉庫が燃え、教科書305万冊が焼失した。日本出版会は、重要出版物の生産を確保するため、印刷工場の疎開対策を推し進めた。信州にも東京から多くの印刷工場が疎開した。

しかし、用紙・資材の焼失、輸送の混乱などにより、出版社の活動は極度に制約され、雑誌の減ページ、発行の遅れ、休廃刊が続出し、書籍点数も激減。終戦時、残っていた出版社は約300社、書店数は約3000店だった。

14 敗戦後の再出発——文化と大衆をつないで

昭和天皇の玉音放送で日本の降伏を国民が聞いた1945(昭和20)年8月15日から間もなく、店員もほとんどいない、がらんとした東京・神保町の岩波書店に岩波茂雄はいた。

妻子の疎開先の軽井沢町から戻ってきた編集部員の吉野源三郎(1899～1981年)を見つけると、敗戦に落ちこむどころか、持論に熱弁を振るった。日本が無謀な

東京・築地本願寺で営まれた岩波茂雄の葬儀に参列した人たち(1946年4月30日、岩波書店提供)

戦争で悲劇を招いたのは、国民が軍や右翼にあおられて、正しい判断をできるだけの文化水準になかったからだ——と。「こんどの経験を教訓にして、文化と大衆とを結びつけることを、なんとかしてやらねばならない」（吉野『職業としての編集者』より）。茂雄はそう言って、従来のアカデミックな、教養主義的な枠から出て、親しみやすい総合雑誌の創刊を提案した。

□　□

戦前、茂雄の時局へのかかわりは複雑だった。満州事変以降の中国への侵略を批判。言論統制のもと、日本史学者津田左右吉の出版物をめぐり茂雄自身も起訴されもした。一方、欧米列強の植民地支配への反発から、対米英戦は容認。「最後の紙一枚まで国家奉仕のために捧げる」（安倍能成『岩波茂雄伝』）との発言もした。出版社が統廃合される中、軍部から兵士慰問用に岩波文庫の大量受注を得るなどして、同書店の経営は比較的安定していた。

戦時中の時局への自身の姿勢を反省してか、茂雄はこうも言った。「こんどの戦争でたくさんの青年たちを死なせたのも、一つには自分たち年輩の者が臆病で、いわねばならぬことを、いうべきときにいわずにいたせいだ」（吉野『職業としての編集者』。以下の引用も同じ）。

新雑誌の編集を任された吉野は、悩みながら方針を決めた。一つは、言論の場をつくること。日本の再建にあたって、言論の自由は民主主義社会を支える不可欠の要件であり、言論・思想

創刊当初の総合雑誌『世界』

の自由という権利を〈こんどこそ強権の前に萎縮することなく、面《おもて》をあげて使用してゆく〉。もう一つは、「文化と大衆とを結びつける」という茂雄の意向をくみながらも、〈すぐれた学者や思想家が大衆の運命にかかわる問題を心にかけ、大衆にかわってでもその問題と格闘するようになること〉だった。

その雑誌、『世界』の創刊号が45年12月、発売された。美濃部達吉「民主主義と我が議会制度」、羽仁説子「女性と自由」など、戦中の抑圧的な体制を批判し、新たな社会の建設に向けた論考を掲載し、8万部はたちまち売り切れ、その後の号も品切れが続いた。

総合雑誌『世界』創刊に、出版を通じた日本再建への強い思いを込めた茂雄だったが、創刊からまもない46年4月、3回目の脳出血が原因で、64歳の生涯を閉じた。

□　□

だが、岩波書店は吉野のほか、長く茂雄を支えた小林勇、長田幹雄という信州出身の2人が、しっかりと茂雄の遺志を引き継いだ。49年には株式会社とし、茂雄の次男雄二郎を社長に据えて、小林ら3人を取締役とした。

「出版で新しい社会をつくる。二度と戦争をさせない。新しい憲法の下で、新しいスタートをする…。そんな活気が社内にあふれていた」

同書店元専務の今井康之さんは、終戦から6年後の51(昭和26)年に入社した当時の社風をこう振り返る。

活字に飢えていた人々は戦後、本を買い求めた。約300社にまで減った出版社は、46年末までに約8倍の2500社(出版ニュース社『出版データブック』より)に激増。『日米会話手帳』や『完全なる結婚』といった実用的な本がベストセラーとなったほか、犯罪や性を興味本位に書き立てる「カストリ雑誌」と呼ばれた雑誌も大量に出回った。

一方、新しい社会をどう築いていくか、その中で自分はどう生きていくか、そんな人々の問いに答えてくれる本や雑誌もよく売れた。ほかの総合雑誌も、休刊していた『中央公論』や『改造』が復刊し、筑摩書房は『展望』を創刊。それぞれ好調なスタートを切った。

哲学書がよく売れたのもこの時期の特徴だ。三木清『哲学ノート』(河出書房)や、田辺元『懺悔《ざんげ》道としての哲学』(岩波書店)などが相次いで刊行され、三木の著書はベストセラー上位にも入った。

そんな中、岩波は47年7月、『西田幾多郎全集』（全12巻と別巻6）を刊行。第1巻発売の3日前から、同書店の周りで徹夜して発売を待つ人たちの行列ができた。

『善の研究』（1911年）をはじめ、自分の言葉で思索を深めた西田。軍部と一定の距離を取っていたこともあり、広く尊敬を集めていた。西田哲学に詳しい京都大大学院の藤田正勝教授は「新しい社会を生きていく上で、何が土台になるのか、支柱になるのか、と人々は悩んだ。それを考える手掛かりを、西田の哲学に求めたのだろう」と話している。

コラム　〈諏訪で続く『世界』読書会　意見交換、活発に〉

岩波茂雄の出身地、諏訪市中洲にある「信州風樹文庫」では毎月1回、雑誌『世界』に掲載された論文の読書会が開かれている。

本が乏しかった1947（昭和22）年、地元の青年たちの求めに応じて、岩波書店が寄贈した本を母体として誕生した同文庫。読書会は96年、前年に刊行された「『世界』主要論文選」を読もうと、有志が集まっ

諏訪市の信州風樹文庫で開かれている『世界』の読書会＝2013年3月中旬

たのがきっかけ。2013年6月には200回を迎えた。

5人が参加した13年3月の回は、3月号に掲載された奥平康弘さんの論文「『自主憲法制定＝全面改正』論批判」を取り上げた。1人が内容を報告した後、現行憲法は〝押しつけ〟かどうか——といった話題で、活発に意見交換した。

読書会の幹事、武田安弘さんは大学生だった1950年前後から、『世界』を購読しているという。「当時は授業の中でも『世界』の論文が取り上げられた。新鮮で明るい論調が印象に残っている」

15 国語辞典『広辞苑』刊行——敗戦後の文化的回復、形に

岩波書店に今も社員に語り継がれている「広辞苑夏の陣」という〝伝説〟がある。

1954(昭和29)年夏、同社の保養所となっていた静岡県熱海市伊豆山の「惜櫟荘《せきれき》」に、社員約10人が1カ月半泊まり込んだ。戦後初の本格的な国語辞典『広辞苑』の第1版刊行を約10カ月後に控え、校正刷りをチェックするためだ。辞典に一つでも間違い、誤字脱字があってはならない。神経をすり減らしながら一字一字をチェックする毎日。点検は1人当たり約300ページに上った。

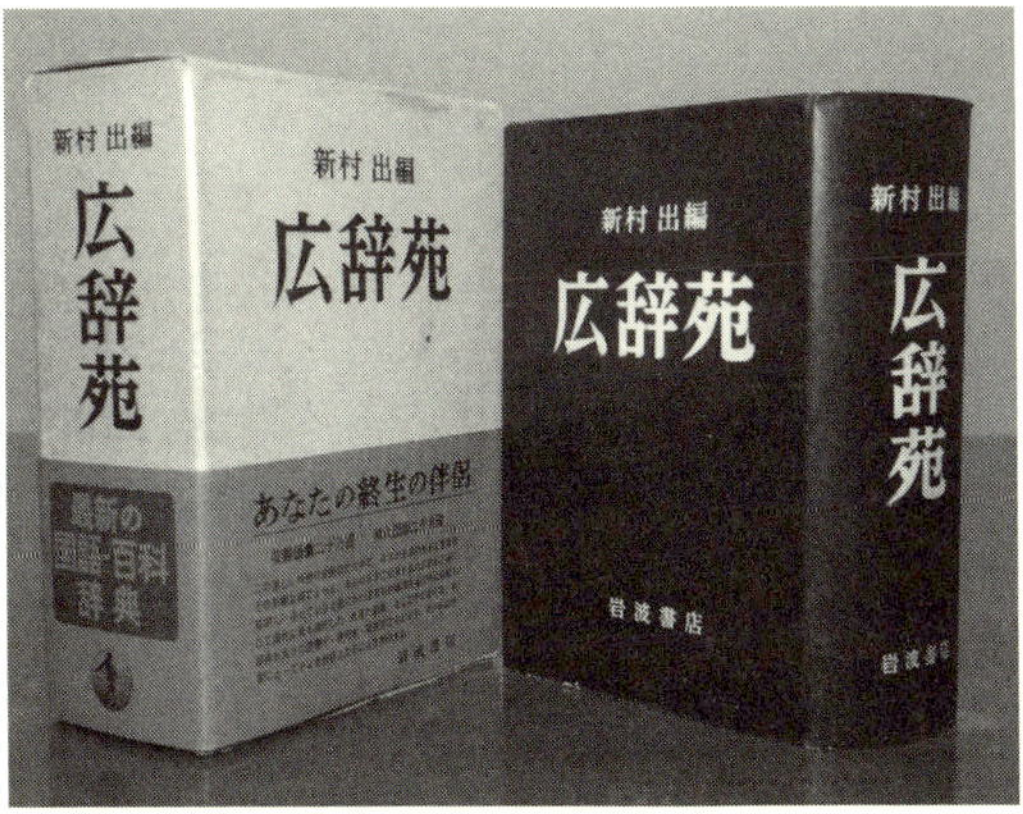

1955年に刊行された『広辞苑』第1版

国語辞典づくりに携わる人々を描いた三浦しをんさんの人気小説『舟を編む』(光文社)にも、「広辞苑夏の陣」をモデルにした泊まり込みの場面が出てくる。

「書き方や項目の分量などに統一性を保ち、内容に矛盾がないようにするため、集まって作業する時間が辞典づくりにはどうしても必要です」

こう話すのは、同書店で75年から33年間、『広辞苑』の改訂に携わった増井元《はじめ》さん。第3版から参加し、第4、5版では責任者を、第6版では顧問をそれぞれ務めた。第3、4版では伝説にあやかり、各5日ほどの合宿をした。どの語を新たに入れるべきかなど議論が白熱したという。

□　□

『広辞苑』のルーツは、戦前の35(昭和10)年に博文館から刊行された『辞苑』にさかのぼる。国語辞書と百科事典を兼ね備えた『辞苑』は人気を博し、累計500万部というベストセラーに。しかし、改訂版を出す作業は戦時中のため進まず、45年、原稿、活字組み版、用紙などが空襲に遭い、校正刷りを残してすべてを失う。さらに海軍を通して投資をしていたとして、戦後、博文館が解散を命じられ、『辞苑』改訂版の出版は暗礁に乗り上げた。

もともと『辞苑』は「岡書院」を営んでいた松本市出身の岡茂雄の発案で、岡書院から出す考えだったが、小さな出版社では難しいと判断。同郷の岩波茂雄（１８８１〜１９４６年）に相談したが実現せず、博文館から出したという経緯があった。敗戦直後、国語辞典を計画していた茂雄は『辞苑』改訂版の出版を引き受ける。

48年、『広辞苑』の編集部が発足。『辞苑』を編集した言語学者の新村出《しんむらいずる》（１８７６〜１９６７年）が、その次男でフランス文学者の猛（１９０５〜92年）とともに取り組んだ。しかし、戦後の新しい社会に合わせた追加や修訂正のほか、語釈部分について旧仮名遣いから現代仮名遣いへの変更などに時間がかかり、校正までたどり着いたのは編集部発足から5年後の53年。猛の「2、3年で仕事は終わる」との予想は裏切られた。

さらに厳しいチェックが入った。同書店常務の長田幹雄が、日本語学者の大野晋に校正刷りの点検と修正を依頼したところ、「ある」「取る」「こと」といった１０００語ほどの言葉の説明が不十分と指摘され、大急ぎで修正に取り掛かった。できたところから手渡し、わ行まで終わったのは、刊行予定日のわずか2カ月前。あ行から順次印刷は始まっていたという。

岩波書店の倉庫に保管されている『広辞苑』第６版の校正刷り

□　□

こうして55年5月、20万語を収録した『広辞苑』が店頭に並んだ。定価は2000円。大卒公務員の初任給が9000円の時代、高価な買い物とも言えたが、同年のベストセラー第7位にも入る売れ行き。購入した人たちは戦後の新しい言葉やかな遣いを調べ、百科事典代わりに使った。『広辞苑』の刊行に前後して、『修訂　大日本国語辞典』『新訂　大言海』（ともに冨山房）など、戦前からの伝統ある国語辞典が相次いで刊行されたが、旧仮名遣いで、戦前と同じ内容の辞典は、『広辞苑』に及ばなかった。岩波書店によると、現在までの累計販売部数は1180万部に達している。

「夏の陣の先輩たちは、軍国主義から解放された自由な空気を『広辞苑』に込めようとしていた。戦争に抵抗したドイツの詩人の名前も載せるなど、よく見るとそれがうかがえる」と増井さんは話す。

作家の井上ひさしは、『広辞苑』第1版を手にしたときの感激を記している。

〈広辞苑は敗戦国日本が文化的にも回復しつつあることを本という具体的な形で同胞に語ってくれていたのだ。頁風を立てるたびに二三二〇の全頁からたちのぼってくるのは、われわれは日本語を使って生きる民族であるという誇りと覚悟であった〉（『ベストセラーの戦後史1』より）

コラム

〈『舟を編む』作者三浦しをんさんら　「辞書を読む」愛着語り合う〉

トークイベントで辞書への思い入れを話す三浦しをんさん（右から２人目）、岩波書店の平木さん（同３人目）ら

三浦しをんさんの小説『舟を編む』は2012年、本屋大賞を受賞し、映画化もされた。その公開に先立ち、トークイベント「辞書を読む」（出版文化産業振興財団など主催）が2013年3月上旬、都内で開かれ、三浦さんのほか、主人公のモデルの一人とされる岩波書店辞典編集部の平木靖成・副部長ら4人が、国語辞書への愛着を語った。

『広辞苑』第5、6版の編集に携わった平木さん。08年の6版で初めて〝ナウい〟を入れたことについて、「今ではあまり使われないが、死語の例として挙げられることがあるから」などと、編集の裏話や苦労を話した。

「字が読めない子どもの頃から父親の『広辞苑』をめくるのが好きだった」と三浦さん。「辞書は身近な存在なのに、どのようにつくられているかは知られていない。それで興味を持った」と、執筆の動機を語った。

16 岩波に続き筑摩書房創業・古田晁――「本物」の著者見分ける

諏訪市出身の岩波茂雄が大正時代初め、東京・神田神保町で創業した岩波書店。その出版文化は故郷・信州の若者に影響を与え、後に続く出版人を輩出した。その一人に、筑摩書房を創業した古田晁《あきら》がいる。

大正時代の終わり頃。後に筑摩書房顧問となる作家臼井吉見（安曇野市出身、1905〜87年）と古田は、共に旧制松本高校に通い、下宿も同じ。文学や人生を語り合う仲だった。ある日、臼井は、古田に出版社を興したらどうか――と勧めた。岩波書店の本は旧制高校生の愛読書であり、同

古田の生涯の友、臼井吉見
（臼井吉見文学館提供）

筑摩書房創業者の古田晁
（古田晁記念館提供）

郷の先輩である岩波茂雄に敬慕の念を抱いていたからだ。臼井本人は忘れてしまったその時の会話を、古田はずっと胸の中にしまっていた。

古田は東筑摩郡筑摩地村（現塩尻市北小野）の旧家に生まれた。父親の三四郎は渡米して貿易商「日光商会」を興し、家庭は裕福だった。

東京帝大を卒業後、渡米して日光商会で働き、商売を覚えた古田は、37（昭和12）年、31歳のときに帰国、念願の出版業のための準備に取り掛かる。父親が10万円の元手を出してくれた。今の2億円近くにも相当する大金だった。

岩波茂雄に相談に行くと、50代半ばの茂雄は25歳年下の古田に「それは止《よ》したほうがいい。外から見て考えるのと、内にはいってやってみるとでは大違いだ。（中略）出版はたいへんなものなんだ。そう簡単にできるものではない」（和田芳恵『筑摩書房の三十年』）と忠告した。当たり外れの大きい出版経営の不安定さに加え、日中戦争が始まり、出版物の取り締まりが強化され、用紙も不足気味――という社会情勢もあった。

だが古田は松高時代からの夢をあきらめなかった。40年に「筑摩書房」を創業。社名は臼井と相談して、島崎藤村の詩「千曲川旅情のうた」から、ただし文字は自らの出身地の地名にちなんだ。臼井と上伊那郡宮田村出身の思想家、唐木順三（１９０４～80年）らを顧問に迎えた。

□　□

「古田さんは、本を出そうとする人間が〝本物か偽物か〟を気にした。本物ならば、売れなくてもいいから本を出せと言った」

64年に筑摩書房に入社し、96〜99年社長を務めた柏原成光さんはそう振り返る。調子のいい言葉ではなく、経験や苦悩から深い言葉を紡ぎ出せる人――。そうした〝本物〟の人にしか書けない本を出していく。そうした姿勢が筑摩書房のカラーをつくっていった。

古田晁記念館（塩尻市）に展示されている『人間失格』と雑誌『展望』

最初に出版を依頼したのは、作家の中野重治（1902〜79年）。マルクス主義的な傾向の作品が当局から目を付けられ、ほかの出版社が敬遠する中、古田と臼井の熱心な申し出に喜び、当時無名の同書房からの出版を承諾した（『中野重治随筆抄』）。こうした「素人」ならではの大胆な企画が成功し、次第に地歩を固めていった。

作家太宰治（1909〜48年）との交流も、創業直後から。『千代女』（41年）の装丁料として前借りした50

円（現在の十数万円に相当）を飲み代に使ってしまったと言う太宰に、古田は黙って同じ金額を手渡したという逸話が残るほど、古田は太宰にほれ込み、支援を惜しまなかった。

戦後、臼井が編集長を務めた総合誌『展望』に、太宰の作品の掲載を求めたのも古田だった。その一つに、代表作『人間失格』（48年6〜8月号）がある。太宰は48年、愛人と心中する直前、古田の住まいを訪ねた。が、古田は、太宰の静養のために食料を調達しようと出かけ留守だった。遺体が上がった後、太宰の来訪を知った古田は心中を止められなかったことを、ひどく悔やんだという。

太宰のほか、中島敦、柳田国男、宮沢賢治、島崎藤村など、〃本物〃と思える著者を高く評価した古田。戦後は、こうした著者の全集を相次いで刊行し、「文学全集の筑摩」とも言われるように。古田の社長時代を知る柏原さんは「今はもう考えられないけれど、古田さんの頃は、自分が読みたい本を出すという、出版の幸せな時代だったのかなとも思います」

□　□

一方で、「売れるかどうかより〃本物〃の本を出す」という古田の経営は浮き沈みの激しいものだった。ベストセラーも連発したが、赤字経営が続き、50年頃からは給料の遅配も始まった。臼井の発案による『現代日本文学全集』（53〜59年、全99巻）の刊行で息を吹き返したものの、

66年に古田が社長を退いた後も経営は迷走し、古田の死から5年後の78年、ついに倒産。91年まで会社更生法の適用を受け、再建し、今日に至る。

『古田晁伝説』を書いた塩澤実信《みのぶ》さんは「古田は、すぐに役に立たなくても、じわじわと文化水準を高めていくような本を出してきた。岩波茂雄に続く信州の出版人の系譜をつくった」と指摘する。

コラム 〈安曇野で有志の会 設立当初の歩みを学ぶ〉

「島崎藤村は新潮社と関係が深かったが、古田さんは藤村の全集を出そうと、新潮社に頭を下げに行った」

2013年4月上旬、安曇野市にある臼井吉見文学館で開かれた「筑摩書房草創期を学ぶ会」。企画した同市の伊藤正住さんが、古田と島崎藤村との関係を紹介しながら、こんな話をした。

筑摩書房の創業70年に当たる2010年、臼井が深くかかわった同書房の歴史もよく知りたいと、伊藤さんら有志が発足。毎月10人前後が参加し、お茶の時間も挟み、和やかな雰囲気で学んでいる。

安曇野市の臼井吉見文学館で開かれた「筑摩書房草創期を学ぶ会」＝2013年4月上旬

13年2月には、渋川驍《ぎょう》の詩や短編を収めた『柴笛』を読んだ。古田が戦時中、列車の中でその原稿を読んでいるとき、近くの乗客が銃撃を受けて原稿が血で染まった——という作品。参加した女性は「話には聞いていたが、どんな作品か知らなかったので、勉強になりました」と話していた。

17 「みすず書房」小尾俊人と「理論社」小宮山量平——戦時中の思いを胸に創業

岩波書店に続いた信州の出版人のうち、戦後直後に創業し、大きな足跡を残した人に、みすず書房の小尾《おび》俊人と、理論社の小宮山量平がいる。ともに、戦時中の思いが創業の背景にあった。

〈戦後のスタートのさいの理想は、あの悲惨な戦争とは対極にある、文化とは何か、文化の質とは何か、それを出版活動で確認かつ実証してみたいと思ったのであります〉（『本は生まれる。そして、それから』より）

1946（昭和21）年、仲間2人と、みすず書房（当

白い装丁が特徴のみすず書房の本＝東京・文京区のみすず書房

初は美篶《みすず》書房）を始めた茅野市出身の小尾俊人を出版社創業へと駆り立てたのは、多感な青年期にいや応なく巻き込まれた戦争の体験だった。

小尾は40年に上京。羽田武嗣郎（羽田孜元首相の父親）が創業した出版社、羽田書店で働きながら、夜間学校に通った。小尾は、出版物を内務省に納める仕事を通し、検閲の実態を見た。43年学徒出陣すると、焼夷《しょうい》弾を避けながら、防空壕《ごう》掘りに明け暮れた。目の前では、首と胴がちぎれて戦友が死んでいった。

戦争体験を胸に、小尾が最初に取り組み、多くの反響があったのが、『ジャン・クリストフ』『魅せられたる魂』などで知られたフランスのノーベル賞作家、ロマン・ロラン（1866〜1944年）の全集。人類愛や精神の独立をうたった作品群に、小尾は「新しい日本がつくられるとすれば、まさにこの思想家がその核心を示しているのではないか」（同書）と感じたからだ。

小尾
俊人さん

小宮山
量平さん

小尾の初心は、ナチス・ドイツの強制収容所での体験を記してロングセラーとなったフランクル『夜と霧』（1956年）や、『現代史資料』（62〜80年、45巻と別巻1）にも結実した。「資料」は、大正期から敗戦までを対象に、警察や裁判の調書、旧軍隊の作戦命令など、極秘文書を含め貴重な資料を収集。戦前の歴史研究に欠かせない資料集として高い評価を得た。

社会科学、思想、心理学などの分野を幅広く手掛けてきたみすず書房。白を基調にした装丁など、本づくりへのこだわりを感じさせる出版に、根強いファンも少なくない。

翻訳権を扱う会社に勤めていた縁で、小尾と親交のあった宮田昇さんは、「小尾さんは、反戦というよりも、ときに暴力的になる組織そのものへの不信感があった。自立的な個人をつくるために、物事を多面的にとらえられるような出版をぶれずに続けた」。

□　□

上田市出身の小宮山量平は、東京商科大（現一橋大）専門部を卒業後、40年に徴兵され、北海道・旭川で5年間の軍隊生活を送った。国のために死ぬことを教え込まれ、戦争で命を散らした若者を悼み、理論的に、どこまでも疑い、深く考えよう――という願いを込め、47年、理論社を設立した。

まずは社会科学系の論文などを載せた季刊誌『理論』

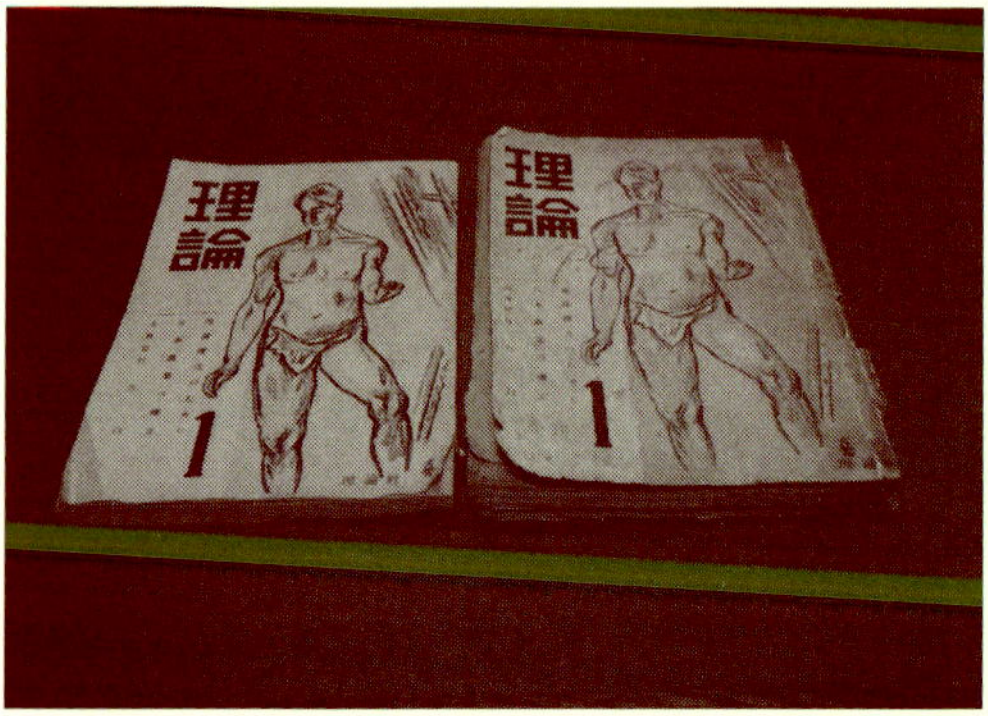

校正段階の季刊「理論」（右）と、検閲を受け、削除したため薄くなって刊行された同誌

郵 便 は が き

料金受取人払郵便

小石川局承認

5307

差出有効期間
平成28年4月
30日まで
（期間後は切手をおはりください）

112-8790

105

東京都文京区関口1-23-6
東洋出版 編集部 行

本のご注文はこのはがきをご利用ください

●ご注文の本は、小社が委託する本の宅配会社ブックサービス㈱より、1週間前後でお届けいたします。代金は、お届けの際、下記金額をお支払いください。

お支払い金額＝税込価格＋手数料
（手数料は税込価格合計1500円未満の場合530円、1500円以上の場合230円）

●電話やFAXでもご注文を承ります。
電話 03-5261-1004　FAX 03-5261-1002

ご注文の書名	税込価格	冊 数

● 本のお届け先 ※下記のご連絡先と異なる場合にご記入ください。

ふりがな
お名前　　　　お電話番号

ご住所 〒　　　－

e-mail　　　　@

ご記入いただいた個人情報は、お問い合わせへのお返事、ご注文の商品発送、新刊・企画などのご案内以外の目的には使用いたしません。

東洋出版の書籍をご購入いただき、誠にありがとうございます。

今後の出版活動の参考とさせていただきますので、アンケートにご協力いただきますよう、お願い申し上げます。

● この本の書名

● この本は、何でお知りになりましたか？（複数回答可）
1. 書店　2. 新聞広告（　　　　新聞）　3. 書評・記事　4. 人の紹介
5. 図書室・図書館　6. ウェブ・SNS　7. その他（　　　　）

● この本をご購入いただいた理由は何ですか？（複数回答可）
1. テーマ・タイトル　2. 著者　3. 装丁　4. 広告・書評
5. その他（　　　　）

● 本書をお読みになったご感想をお書きください

● 今後読んでみたい書籍のテーマ・分野などありましたらお書きください

ご感想を匿名で書籍のPR等に使用させていただくことがございます。
ご了承いただけない場合は、右の□内に✓をご記入ください。　□許可しない

※メッセージは、著者にお届けいたします。差し支えない範囲で下欄もご記入ください。

●ご職業　1.会社員　2.経営者　3.公務員　4.教育関係者　5.自営業　6.主婦
7.学生　8.アルバイト　9.その他（　　　　）

●お住まいの地域
都道府県　　市町村区　男・女　年齢　　歳

ご協力ありがとうございました。

発行に取り組む。ところが、いきなりGHQ（連合国軍総司令部）の検閲で大幅な変更を余儀なくされる。特に自身の体験に基づき、本土決戦に備える日本軍の姿を描いた小宮山の小説「楯にのつて」は全面削除を命じられる。

小宮山が検閲官に理由を問うと、〈人間ニヨル人間ニ対スル加害ノ状況が、深ク追求サレテイル〉同作は、やがては原爆をも含め、〈人間ノ人間ニ対スル犯罪ヲ非難セズニハイラレナクナルデショウ〉（小宮山『千曲川　第4部青春新生』）と答えたという。

苦難の船出となったが、その後は、社会科学書の刊行を主に、出版を通して新しい社会を築こうとした。だが、小宮山の目に映った戦後日本の政治状況は、国内的に反目し合い、対外的には、主権回復後も米国の言いなりになっているように見えた。日米安保条約の改定（60年）を前に危機感を強めた小宮山。まずは日本人としてのアイデンティティーを大切にし、自立した精神を養う必要がある――。そんな願いを、同時代のすぐれた物語を通して子どもたちに届けようとした。

同社は中心を社会科学書から創作児童文学書へと転換する。小宮山は、当時の思いをのちに〈「同胞《とも》よ地は貧しい。我らは豊かな種を蒔《ま》かなければならない」（ノヴァーリスの詩の一節）という、その畑づくりの中に種を蒔くような仕事としての児童文学の創造〉（91年の季刊雑誌『飛ぶ教室』）と振り返っている。

こうして今江祥智《よしとも》『山のむこうは青い海だった』（60年）や、灰谷健次郎『兎《うさぎ》の眼』（74年）などのヒット作品が生まれ、理論社は創作児童文学の草分けとして知られるように。小宮山は73年に社長を退き、会長として編集に専念。顧問となった91年以降は上田に拠点を移した。同社は2010年に事実上の倒産をし、新会社として再出発している。

小宮山の長女で、上田市の「エディターズミュージアム小宮山量平の編集室」代表を務める荒井きぬ枝さんは2012年、小宮山が亡くなる間際に「ちっともいい世の中にならなかったね」と話すのを聞いた。「その言葉を、出版界も私たちも、重く受け止めたい。父がまいた〝種〟をどう育てていくか、私たちに問われている気がします」

コラム 〈GHQの検閲受けた書物も展示〉

小宮山は故郷の上田市に戻ると、地域の人たちとも親しく交流した。亡くなってちょうど1年を迎えた2013年4月中旬、小宮山と親交があった30人余が同市で会食した。それぞれの思い出を交えながら、「(小宮山さんの)本を開くと、今も声が聞こえてくるようだ」などと語った。

長女の荒井さんらは上田駅前に2005年、「エディターズミュージアム」を開館。小宮山が手掛けた本や雑誌、蔵書などを展示している。GHQの検閲を受け、青鉛筆で「del

上田駅前にある「エディターズミュージアム」。手前は、小宮山が使用していた机

ete」（削除）と書かれた季刊『理論』など貴重な資料もある。

小宮山の仕事机も置かれ、晩年はここで執筆をしたり、訪問者と話しをしたりしていた。大人300円。午前11時〜午後5時、火曜日定休。電話0268・25・0826。

18
60年安保闘争と『世界』
――世の主流に異議ぶつける

「北は北海道から、南は九州から、手に一枚の請願書を携えた日本人の群が東京へ集まって、国会議事堂を幾重にも取り巻いたら、また、その行列が尽きることを知らなかったら、そこに、何物も抗し得ない政治的実力が生れて来る。それは新安保条約の批准を阻止し、日本の議会政治を正道に立ち戻らせるであろう」

日米安全保障条約改定をめぐり、国民的な反対運動が盛り上がった1960（昭和35）年。岩波書店の月刊総合雑誌『世界』5月号（4月発売）に、社会学者清水幾

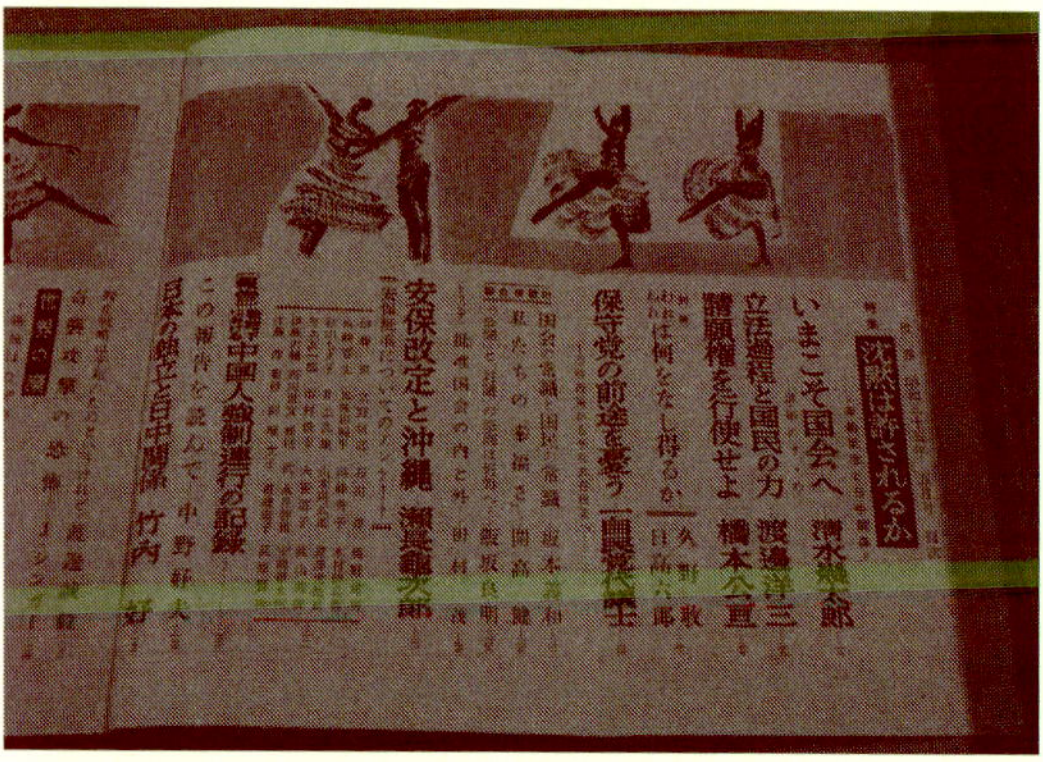

清水幾太郎の「いまこそ国会へ」が載った雑誌「世界」1960年5月号の目次（岩波書店所蔵）

太郎の「いまこそ国会へ」が載った。憲法に規定されている請願権の行使を呼びかけるこの論文は、大きな反響を呼び、月刊誌としては異例の増刷をした。5月下旬以降、10万人を超える人々が国会へと押し寄せるきっかけをつくったとも言われる。

6月15日夜。国会周辺に集まった学生や労働者らは約1万人。警官隊ともみ合いになり、東大4年生だった樺美智子が亡くなった。

「『世界』は、私にとってバイブルのようなものだった。そこに執筆しているオピニオンリーダーが、自分たちを応援してくれているという安心感があった」

その日、東大医学部の自治会委員長として参加した医師の黒岩卓夫さんはこう話す。一家6人で満州（現中国東北部）に渡ったが、ソ連軍の侵攻で過酷な逃避行を強いられ、妹と弟を亡くした黒岩さん。日米安保条約改定に対しては「日米が軍事的な関係を強化し、再び侵略戦争を始めるのではないか」と恐れた。

『世界』は、安保条約改定のほか、社会問題を考える指針となる諸論文を掲載。苦学生だった黒岩さんは、仲間が買ったものを借りては、寮の部屋で熱心に読んだ。

旧北佐久郡望月町（現佐久市）で酪農を営んでいた依田発夫さんも愛読者の一人。農村の自立を考える青年運動に加わり、何度も国会周辺へと赴いた。「岩波書店の雑誌だという意識はしなかったが、心棒を曲げないで頑張っている雑誌だと魅力を感じていた」。県立高校の教諭だった野口次郎さんも「教員仲間では『世界』を読むのが当たり前、という雰囲気だった」。

戦争を止められなかった一因を、大衆と知識人とが離れてしまったことに求め、両者を結びつけることを目指し、45年末に創刊した『世界』。同誌の論文を一つの契機に全国各地の人々が国会へと押し寄せた60年安保闘争は、創刊時の願いを実現したかのような光景だった。

□　□

当時は、『世界』のほかにも、社会批評とともに娯楽的な話題で読者を引きつけた『文藝春秋』や、明治期からの言論誌『中央公論』など月刊の総合誌がよく読まれ、世論を形成する力を持った時代だった。

『世界』は理想主義的な論調で、主に学生らの支持を集めた。編集長の吉野源三郎は清水や、政治学者の丸山真男らに働き掛けて、48年12月、「平和問題談話会」を50人余で発足。その討議の内容を翌年3月号に掲載した。第2次大戦の講和が問題になると、50年3月号に同会の「声明」を発表。日本が中国や旧ソ連などの全交戦国と講和する「全面講和」を求め、軍事基地の他国への提供を反対する内容だった。

59年4月号からは安保改定をめぐる特集を組んだ。同年10月号では、丸山、清水、加藤周一らの学者でつくる「国際問題談話会」の討議結果を掲載。軍事同盟を離れて、中立を守るべきだ――などと主張した。

1960年6月18日、日米新安保条約の自然成立の前日、国会を包囲する学生や労働者のデモ隊

□□

「世界」に集った「進歩的知識人」を、批判する論調は早くからあった。評論家福田恆存は、『中央公論』54年12月号に「平和論の進め方についての疑問」を発表。国際政治の現実の中では、どうしても大国と協力する必要がある――として、「日本はアメリカと協力しては、なぜいけないのか」と、疑問を投げかけた。

実際、講和問題にしても、安保条約改定にしても、『世界』の主張は実現せず、結果的にはむしろ福田のような現実論が勝ったかのようだ。

『読書世論調査30年』(毎日新聞社編)によると、61年度の「いつも読む月刊雑誌」は、『文藝春秋』が2位、『中央公論』11位、『世界』は19位だった。『世界』が安保問題を特集した60年5

月号と同時期発売の他誌を比べると、『文芸春秋』には安保関係の記事はなく、『中央公論』は、安保とセットで論じられた日米間の貿易自由化についての記事がほとんどだった。

「知識人が叫んで社会が動いたというのは、幻想だったのかもしれない」。近現代日本のジャーナリズム史を研究する法政大大学院の奥武則教授はこう話す。

日米安保はいまも続き、軍事的な関係はむしろ強化しているかのように見える。しかし、「現実批判の言論があったからこそ、大きくは間違った方向にいかなかったとも言える。『世界』は世の中の主流に対して、『こういう主張もある』と、異議をぶつけていく言論として役割を果たしてきたと思う」

コラム　〈脱原発デモ　ネット情報が主流に〉

脱原発を求め、2012年3月以降、毎週金曜日夕方に官邸周辺で繰り広げられている抗議行動はピーク時に約20万人が集まり、60年安保闘争以来の大規模なデモと言われた。大衆運動として60年安保との共通点もあるが、警察との衝突を避けて、決められた場所で整然とアピールをするなど、異なる点も多い。

参加者を取り巻くメディア状況も大きく異なる。かつてはなくて、今、大きな発信力となっ

原発反対を訴え、金曜日の夕方、国会前に集まった人たち＝2013年4月下旬

ているのが、ツイッターやフェイスブックなどを利用したインターネット社会のサービス。13年4月下旬の金曜日、小学2年生の子どもと参加した都内の男性は「60年安保の頃と違って、今は組織や有名人が呼び掛けるのではなくて、ネットの情報を通じて、個人個人の意志で集まっている」と話していた。

19

「岩波文化」の昭和30年代――教養への憧れ――象徴的存在

〈東大教養学部の学生は岩波書店によって思想形成が行われる〉

1962（昭和37）年4月4日付の「東京大学新聞」に、こんな一文がある。東大駒場キャンパスの東大生協書籍部（書店）の主任が書いた記事。57〜61年、同書籍部の年間ベストセラー上位10点を集計したところ、どの年も岩波の本が3〜6点、5年間では約半分の26点を占めたからだ。

『東大生はどんな本を読んできたか』（平凡社新書）を著

昭和30年代、ベストセラー上位に入った岩波新書（岩波書店所蔵）

1958(昭和33)年、東大生によく読まれた本

東京大学新聞1962年4月4日付より。
※生協駒場支部の集計。継続して入っている社会科学や文学作品などを除く

1	都留重人 経済を見る眼	岩波書店
2	大内兵衛 経済学五十年	東大出版会
3	南博 社会心理学入門	岩波書店
4	サルトル 実存主義とは何か	人文書院
5	レーニン 帝国主義	岩波書店
6	マルクス 資本論	岩波書店
7	マルタン・デュ・ガール チボー家の人々	白水社
8	宇野弘蔵 「資本論」と社会主義	岩波書店
9	南原繁 文化と国家	東大出版会
10	ラスキ 信仰・理性・文明	岩波書店

した永嶺重敏さんはこの記事に注目。さらに57～73年の同書籍部の週間ベストセラーを調べ、ベストテンに入った回数を出版社別に集計した。すると、昭和30年代にほぼ重なる57～66年、岩波がトップを独走。例えば、60年は岩波の72回に対して、筑摩書房25回、河出書房新社18回、新潮社17回などだった。永嶺さんは「戦後直後の混乱が収まると、戦前の教養主義的な傾向が復活した。岩波の本はその象徴的な存在だった」と話す。

長野市の筒井健雄・信州大名誉教授は、昭和30年に東大に入学し、学生時代を過ごした。「本を読まなければ東大生じゃないという雰囲気があった。あれも読んだ、これも読んだと、友人たちと競った」と振り返る。よく読んだのは、岩波文庫の内村鑑三『後世への最大遺物』、デカルト『方法序説』や岩波新書の丸山真男『日本の思想』など。本を読み、自分の進路を考えたという。

□□

「〝岩波文化〟という言葉は、はじめは批判的な意味だったのに、昭和30年代になると憧れに変わった」

こう指摘するのは、京都大大学院の佐藤卓己准教授。岩波は大正期から教養・学術の出版社として支持を集めたが、一部からは批判されるようにもなった。佐藤さんによると、「岩波文化」の初出は戦前の36（昭和11）年、哲学者戸坂潤が書いた論文「現代に於《お》ける『漱石文化』」。戸坂は、岩波の出版物を「既成のブルジョア文化の力一杯の精華」であり、「学究的実力もあり文化的気品もあるに拘《かかわ》らず、一種思想上の卑俗感を与える」とした。庶民の生活とかけ離れ、鼻持ちならない——という批判だった。

岩波書店はやがて、大衆に人気の娯楽雑誌『キング』などを出した大日本雄弁会講談社（現講談社）と、対比的に捉えられていく。評論家の蔵原惟人《これひと》は戦後、岩波が刊行する雑誌『世界』47年6月号で、岩波文化を「人民の生活と生産とから遊離した」と指摘した。

ところが、昭和30年代を通して「岩波文化」は、肯定的な言葉へと逆転する。56（昭和31）年の経済白書が「もはや『戦後』ではない」としたように、昭和30年代は経済の高度成長期と重なり、人々の暮らしは豊かになりつつあった。これに伴い、大学など高等教育への就学率は、

50年の6・2%から、60年の10・2%、65年には15・2%へと年々上昇した（総合研究開発機構『生活水準の歴史的推移』より）。

「岩波の本は、増えてきた学生のほか、大学に行きたくても行けない人たちの受け皿になった」——。佐藤さんはそう考えている。

□　□

出版ニュース社の調査による戦後のベストセラーの上位10点を見ると、昭和30年代、岩波の本は、遠山茂樹ほか『昭和史』をはじめ、梅棹忠夫『モゴール族探検記』、清水幾太郎『論文の書き方』など岩波新書を中心に14点という多さだった。岩波新書を全点購入する図書館や学校もあったほか、全国的に盛んだった読書会でも、岩波の本がテキストによく選ばれた。

例えば、60（昭和35）年から週1回、5年間ほど開いた飯田市職員による読書会。18点を見ると、渡辺洋三『法というものの考え方』、高島善哉『社会科学入門』など、岩波新書11点を含む14点が岩波の本。参加者の一人で、同市歴史研究所調査研究員の斉藤俊江さんは「安保問題をきっかけに、社会情勢を学ぶ雰囲気が高まった。結果的に岩波の本が多かったのは、岩波が、将来の方向を考えるのにふさわしい本を出していたからだろう」と話す。

岩波書店の編集部長を務めた小川寿夫さんは、57年に入社。配属された新書編集部は、それまでの3人から4人に増えた。「編集者が企画段階からかかわって、読まれる本を積極的につくろうという態勢ができた」と振り返る。新書のほか、岩波は、56年の岩波講座『現代思想』（全12巻）をはじめ、翌年の『日本古典文学大系』（全66巻）など、学術の基礎となる大型の企画に矢継ぎ早に取り組んだ。「創業50年の63（昭和38）年ごろまでが、経営的にも社会的な評価の面でも、最も岩波に勢いがあったと思う」

だが、昭和40年代になると、岩波の本のベストテン入りは、10年間で5点に減るなど、その勢いに陰りが見え始める。

コラム　〈現在の東大生、どんな本を…〉

現在の東大生はどんな本を読んでいるのか。同大駒場キャンパスの生協書籍売り場は、昭和30年代とは異なり、岩波書店の本が売り上げ上位を独占するという傾向は見られなくなった。

2012年の文庫の売り上げ上位20点を見ると、マクニール『世界史』（中公文庫）の上下巻に、ダイアモンド『銃・病原菌・鉄』（草思社文庫）上巻、外山滋比古『思考の整理学』（ちくま文庫）と続いた。村上春樹『1Q84』シリーズ（新潮文庫）が5位と7〜11位、三上延『ビ

東大生協駒場書籍部。毎年春、前年の売り上げ上位の
文庫・新書を紹介するコーナーを設けている

ブリア古書堂の事件手帖』シリーズ（メディアワークス文庫）が12、13、20位を占めるなど、一般のベストセラーもよく読まれている。岩波文庫は、15位のマックス・ヴェーバー『プロテスタンティズムの倫理と資本主義の精神』が最高だった。

一方、新書ではトップの瀧本哲史『武器としての決断思考』（星海社新書）に続き、岩波新書の丸山真男『日本の思想』が2位となったほか、10位にE・H・カー『歴史とは何か』、15位に吉見俊哉『大学とは何か』が入った。辻谷寛太郎店長は「岩波新書のロングセラーが、今なお学生たちに読み継がれているのがわかる」と話している。

20 反教養主義の傾向

――岩波の売れ行きにも影

〈泥と水　時計台落城〉〈象徴、ガレキの山に　シャンデリアだけ健在〉

１９６９（昭和44）年1月20日付の「信濃毎日新聞」は、このような見出しで、全共闘（全学共闘会議）の学生が立てこもっていた東大安田講堂が機動隊との攻防の末に変わり果てた姿を伝えた。

60年代末、全国の大学に広まった全共闘運動。一部の学生はヘルメットをかぶり、角材を持って武装。大学の建物をバリケード封鎖するなど、大学当局と激し

1969年1月18日、全共闘の学生が立てこもる東大安田講堂を、封鎖解除のため警視庁機動隊が囲んだ

く対立した。

「闘争の背景には、将来が見えない学生たちのいら立ちがあったと思う」

こう指摘するのは、関西大東京センターの竹内洋・センター長。高度経済成長に伴い、大学など高等教育への就学率は年々上昇し、60年の10・2％から67年には17・2％に（総合研究開発機構『生活水準の歴史的推移』より）。「学生が一握りのエリートだった時代は、企業なら幹部候補生として将来が約束されていたが、（全共闘運動の頃から）大学を卒業しても普通のサラリーマンにしかなれないと思う学生が増えた」

学生たちのいら立ちは、生活に直結しない知識を尊ぶ「教養主義」にも向かった。それは、教養や学術分野を出版の柱にしてきた岩波書店にも影を落とし、総合誌『世界』は、60年安保闘争のときのような大きな影響力は持たなかった。

反教養主義の傾向は、大学の大衆化が進んだ70年代以降強まり、『岩波新書の50年』（岩波新書）には「（70年代になってから）大学の教室で先生が岩波新書をすいせんしてもむずかしいからといって読まない、という話も伝わってきましたね」といった編集者の回想が載っている。

出版ニュース社調査のベストセラー上位10点を見ても、昭和30年代（1955〜64年）には岩波の本が14点入っていたのに対して、同40年代は5点に減少。1974（昭和49）年、T・K生『韓国からの通信』が入って以降は、90年の筒井康隆『文学部唯野教授』まで岩波の本が上位10点に入ることはなかった。

□　□

全共闘運動の盛んな頃に大学時代を送ったＩＳＨＩＫＡＷＡ地域文化企画室代表の石川利江さんは、卒業後しばらく、東京の小さな出版社で働いた。当時は教養主義的な雰囲気が、まだ社会全体に残っていたという。同僚たちは、酒の席でも、思想や社会問題について議論を交わしていた。

それが廃れたと感じたのは70年代後半。知り合った年下の学生たちの話題は、男子でもテニスやサイクリング、星占い…。「大きく社会の流れが変わったと感じた。豊かさが定着してきたのかなと」

日本の国民総生産（ＧＮＰ）は68（昭和43）年、米国に次いで西側世界第2位に躍り出て、消費文化が花開いた。

一方、出版業界はそれまでの高度成長が鈍り、業績が大きく傾く出版社も出てきた。三省堂が74年に、筑摩書房は78年に倒産。その中で、角川書店の角川春樹社長（当時）は自社が発行する横溝正史『犬神家の一族』を76年映画化。大規模な宣伝で書籍の販売アップにもつなげる「角川商法」を展開するなど、各社は新たな戦略を模索した。

□　□

「（昭和30年代に）会社が潤ったため、社員にも変な一流意識が生まれた」

岩波書店の元社長の大塚信一さんは、63（昭和38）年に入社後、感じ取った当時の社内の雰囲気をそう振り返る。とくに違和感を覚えたのは、執筆する学者らを集めた会合だった。高級料理店で開くわりに、議論は低調。一方、たまたま出席した新興の他社の研究会は、安い旅館で〝アジの尾頭付き〟をつつきながら、熱い議論を交わしていた。

80年代半ば、岩波書店の創業者・岩波茂雄の伝記出版に携わった石川さんも、本文執筆のため資料を調べる中で「岩波書店の権威は大きかったが、知のピラミッドを築いているような、ある種のいやらしさも感じた」と述べる。

大塚さんは、国民全般に中流意識が覆う一方、階級闘争をうたうマルクス主義的な分析が色あせてきたのに、かつて学問界全般に力を持ったマルクス主義の思考から抜け出せなかったことも、岩波停滞の要因の一つに挙げる。

大塚さんは、社内の異論を押し切り、政治学者松下圭一さんや、文化人類学者山口昌男さんら、マルクス主義と異なる視点を持つ著者の本を積極的に出そうと努めた。84年には季刊誌『へるめす』を創刊。学者のほか、建築家や芸術家を交えた新たな知の方向性を探った。

コラム〈安田講堂の「落城」間近に居合わせた　評論家　川本三郎さん
経験より新しさに価値〉

評論家の川本三郎さんは、東大安田講堂の攻防戦当時、朝日新聞社のアルバイトの立場で、先輩記者に誘われて、間近から安田講堂の〝落城〟を見た。

川本さんが東大に在学中は、東大に教養主義的な雰囲気がまだ残っていたという。雑誌「世界」が読まれ、そこに論文が載るような教授のゼミにも出席した。

卒業後、年齢の近い後輩たちが「大学解体」を叫び、進歩的知識人の代表と目されていた丸山真男教授らを糾弾したのを知り、「尊敬していた先生たちと（心情的に）別れなければならないのか」と、複雑な思いを抱き、安田講堂落城には「負い目を感じた」。

「学生時代、マンガを読んだりすることに多少罪悪感があった」と話す川本三郎さん

全共闘運動の背景に、ビートルズをはじめとする音楽や米国の映画など、若者文化があった——と指摘。第3次産業の発展で、経験や熟練より新しさが価値を持つ時代になった。「岩波書店は、そうした若者文化の誕生に、うまく乗れなかったのだと思います」

21 新刊洪水

「売れないから」悪循環

「新刊本が大幅に増えて、まるで大洪水のよう。読者は、本をじっくり読んで書棚に並べるのではなく、次々と買っては手放すという態度になってきた」

『本の現場』（ポット出版）などの著作があるフリーライターの永江朗《あきら》さんは、ここ30年ほどの本と読書をめぐる状況を、こう表現する。「新刊点数は増えたが、それらが優れた本ばかりだったかと言えば、そうではない。玉石混交の〝石〟が多すぎると思う」

出版ニュース社の調査を見ると、年間の新刊点数が

日々、多数の新刊が書店に届く一方、売れずに返品される本も多い

1980年代以降、いかに加速度的に増えてきたかが分かる。1万点増えるのにかかった年数を比べると、71（昭和46）年に2万点を超えてから82年に3万点を超えるまでに11年かかったのに対して、4万点台までは8年、5万点台までは4年、6万点台までは2年という速さ。さらに5年で7万点台となり、その4年後の2005年にはついに8万点を超えた。

その後やや停滞したが、2012年は再び増えて、過去最高の8万2000点余。これは71年の約4倍で、1日225点の新刊本が、世に送り出された計算だ。選択肢が増えて、豊かな社会になったとも言えるが、まさに「新刊洪水」に沈みそうな勢いだ。

一方、書籍・雑誌の販売金額は、90年代半ばで頭打ちとなった。96年に2兆6900億円のピークを迎え、以降は減少傾向が続く。2012年は1兆8300億円と、ピーク時の約32％減。25年前の87年とほぼ同じ水準に戻った。

□ □

洪水のように新刊を出すが、販売額は減少していく。それが出版業界の現状だ。岩波書店もその例外ではない。同社は売上高を公表していないが、2008年まで同社の常務・営業局担当を務めた後藤勝治さんによると、「年ごとに浮き沈みはあるが、業界の動向と同じく、漸減傾向が続いた」。一方、新刊点数は、1980年の321点が、95年には691点と増え、

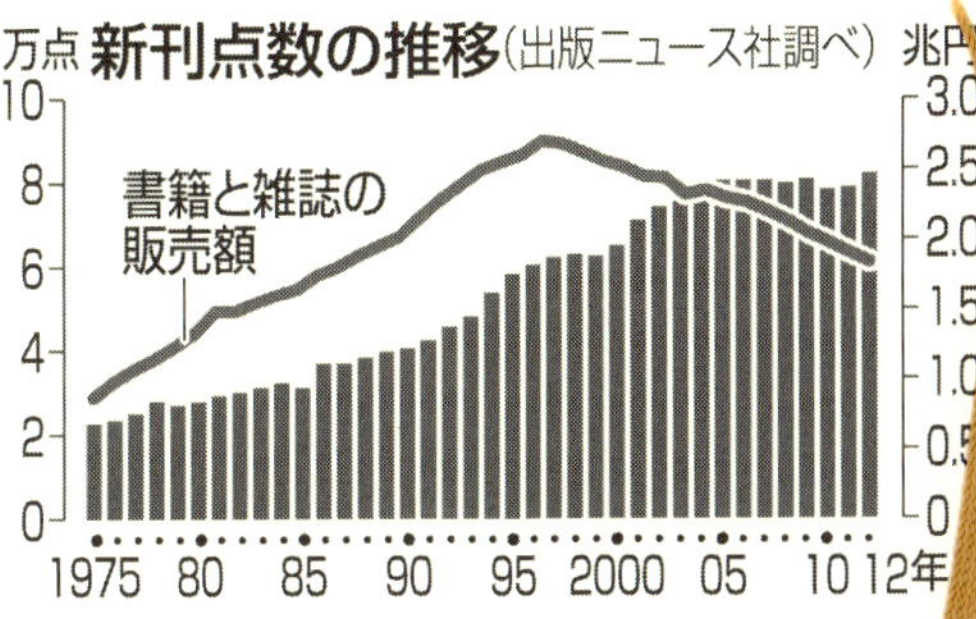

２００１年にはピークの８４８点を数えた。

「時間とお金の余裕を、本に使わなくなってきたからではないか」。書籍・雑誌の販売額が減る傾向にある状況について、出版業界紙「新文化」を発行する新文化通信社の丸島基和社長はこう指摘する。ビデオやテレビゲームに加え、95年頃からインターネットや携帯電話が急速に普及。文化庁の２００８年度「国語に関する世論調査」によれば、月に1冊も本を読まない人は約46％に上り、02年度よりも８ポイント増えている。「新古書店や図書館の増加で、以前より本にお金をかけないですむ環境も整ってきた」と丸島さん。

□　□

販売額が減る傾向なのに新刊点数が増えている背景には、多くの出版社が採用する「委託制」がある。その取引は、単純化すると次のような仕組みだ。出版社は、取次会社（問屋に当たる）に本を出荷した時点で代金が前渡しされ、小売店で売れずに返品された分は、後日、取次に返金する。つまり新刊を出荷すれば、小売店での売れ行きによらず、とりあえず一定の金額が入る。経営の苦しい出版社は、自転車操業的に次々と新刊を出さざるを得ない――。

出版ニュース社の清田義昭代表は、「本が売れないから、埋め合わせるために、よく吟味せずに新しい本を出す。だから売れない、という悪循環に陥ってしまったのではないか」と、委託制の弊害を指摘する。

岩波は多くの他社のように委託制ではなく、基本的には返品を認めない「注文買切制《かいきりせい》」を戦前から続けている。返品がない分、有利だと思われがちだが、後藤さんは「デメリットもある」と言う。出版する部数を需要の予測によって決めるが、注文が少なければ、残りはすべて自社の在庫になってしまうからだ。

委託制のように、返品分を相殺するために無理をして新刊を出す必要はないが、後藤さんは「以前なら売れた古典や岩波講座といった既刊のロングセラーがなかなか売れなくなった。その分を埋め合わせるため、新刊の比率を高めざるを得なかった」と打ち明ける。

03年まで岩波書店社長を務めた大塚信一さんは「新刊を増やしすぎたため、1点あたりにかける人手と手間が減り、丁寧な本づくりが難しくなった」と振り返る。大塚さんは01年以降、新刊点数を減らす方向に転換。2012年は564点までに減った。「忙しい時代かもしれないが、少し立ち止まって、どんな本を出すべきかよく考え、議論してほしい」。大塚さんは、後輩たちにそうエールを送っている。

コラム 〈読み継がれる『モモ』累計３００万部〉

教養書や学術書が苦戦する中、岩波書店が１９７６（昭和51）年に刊行したミヒャエル・エンデ（１９２９〜95年）の『モモ』（大島かおり訳）は、92年に１００万部を超え、これまでの累計は３０７万部（岩波少年文庫版、愛蔵版を含む）。あふれる新刊の中でも世代を超えて読み継がれる一冊だ。

児童書の伝統も長い岩波。50年に創刊した「岩波少年文庫」の『あしながおじさん』『ふたりのロッテ』『星の王子さま』、ルイス『ナルニア国ものがたり』シリーズや、ロフティング『ドリトル先生』シリーズといった人気作品を送り出してきた。

『モモ』は、主人公の少女が、盗まれた時間を取り戻そうとする物語。経済効率を追う現代社会への批評にも読める。編集を担当した立花美乃里さんは、「豊かな社会になり、何を目指して生きるかに悩む思春期の読者に支持されたのではないか」。ドイツ文学研究者で、エンデと親交があった早稲田大名誉教授の子安美知子さんは、「硬い言葉でいくら訴えても、世の中は変わらない。やさしい言葉で訴えるエンデの作品が、大人にも魅力だった」と話している。

「モモ」をはじめ、岩波書店が刊行してきた主な児童書

22
減る「街の本屋さん」——文化を届ける役割は…

上田市の中心市街地にある「平林《へいりん》堂書店」は、昔ながらの「街の本屋さん」の雰囲気を残す店構えだ。目を引くのは、中央奥の棚にずらりと並ぶ岩波文庫。天井から赤い字で「岩波書店の本」のプレートが下がり、同文庫のほか、岩波新書や新刊の単行本なども充実。約80坪(約260平方メートル)の店舗のうち、岩波のコーナーが4割ほどを占めるという。

「創業者の岩波茂雄は自らを『文化の配達夫』と呼んだが、その心意気を〝是〟として、書店もまた『文化の配達夫』という意識でやってきた」。平林堂を創業した平林茂衛会

岩波書店の本を多数そろえている上田市の平林堂書店

長は、岩波の本への思い入れをそう話す。

実際、平林さんは本の〝配達〟に力を入れてきた。1949（昭和24）年の創業間もない頃は、自転車の荷台に本を積めるだけ積み、周辺の小中学校などへ販売に出掛けて喜ばれたという。「待っていてはだめ。本のことをよく知って、『今度、こんな本が出ますよ』と、働き掛けをしなきゃ」

そんな「街の本屋さん」は現在、急速に減少している。県書店商業組合の加盟店は84（昭和59）年の218店をピークに、現在はその約3分の1の79店に激減。全国的にも、日本書店商業組合連合会の加盟店は、ピークだった86年の約1万3000店から4400店余へと減った。

□　□

しかし、「出版指標年報」によると、2012年の全国の書店数は約1万5000店、県内は275店に上る。組合に加盟しない新しいタイプの書店が増えてきた。

その代表的な例が、映像や音楽ソフトのレンタル・販売コーナーを併設するタイプの店。「TSUTAYA（ツタヤ）」「蔦屋書店」を展開する「カルチュア・コンビニエンス・クラブ」のフランチャイズ加盟店は全国約1470店。書籍と雑誌を販売するのはその半分の計701店だが、同社の発表によれば、2012年度の書籍と雑誌の販売額は、過去最高の計1109億円。ネット販売を除けば、紀伊國屋書店（12年8月期1081億円）を抜いて、今や国内最大の書店となった。

地価の下落や大規模小売店舗法（大店法）の廃止を背景に、全国で大型書店の出店も相次いでいる。松本市では2011年、1000坪・100万冊という県内最大級の「丸善松本店」がオープンした。秋山粒志店長は「書店の大規模化は、以前より新刊点数が大幅に増えたことも一因」と話す。欲しい本が店頭になければ、客足は遠のいてしまうからだ。

コンビニも書店のライバルに。出版ニュース社の調べでは、書籍・雑誌の販売額に占めるコンビニの割合は86年に全体の約4％だったが、2002年には約21％に達した。11年には14％まで低下したが、一方、最近は「アマゾン」をはじめとするインターネット販売が拡大。同年には約7％にまで広がっている。

このほか「ブックオフ」など新古書店の増加や、電子書籍の普及など、出版不況の中、縮むパイを大勢で食い合っている状況だ。大手書店チェーン「宮脇書店」長野大豆島店（長野市）の中沢富晃店長は「〝書店しかない〟という時代から、〝書店もある〟時代になった」と話す。

□　□

「街の本屋さん」の衰退は、岩波書店にとっては「しんどい状況」（元役員）だ。岩波の本は、多くの他社の本とは異なり、基本的には返品を認めない「注文買切制《かいきり》」。売れなければ書店の負担になってしまうため、書店側のリスクは高い。それでも、平林堂のような「街の本屋さん」が元気だった時代、配達などを通して「この本ならあの人が買いそうだ」といった地域の需要をきめ細かく把握し、岩波の本をはじめ、教養書や学術書の販売を支えてきた。

そうした書店が減ったり、書店と地域とのつながりが薄らいだりすれば、教養書・学術書中心の岩波の本は店頭から減っていく。「岩波の本を置くこともできるが、本部の許可が必要」というチェーン店もある。岩波の本をまったく置いていない書店も少なくない。

一方、読者の立場からすれば、欲しい本を手軽に検索でき、配達も速いネット販売の利便性は高い。複合店や大規模店を含め、書店のあり方が問われている。

「書店は、ただの銭集めの商売じゃない。心の糧、頭のコメを売る仕事だと思う」。平林堂の平林さんは、書店員が〝本の目利き〟でなくなっている最近の傾向を心配する。「こんな時代だからこそ、本屋がいろいろな本をよく知り、『これがお薦め』と、積極的に届けるという役割をもう一度取り戻す必要がある」

コラム

〈県内、増える個性的品ぞろえの書店　「本との出会いはタイミング」〉

個性的な本の品ぞろえをし、カフェを併設するタイプの店が県内でも増えている。その一つ、長野市上千歳町に2013年4月オープンした「まいまい堂」。10・5坪の店内に、古書を中心に約500点を並べている。店主の村石保さんの蔵書と、自分が気に入った本。思想・哲学や社会科学から、小説、詩集、写真集、料理までさまざま。村石さんの書斎に遊びに来たような雰囲気だ。

社員3人の小さな出版社「オフィスエム」の編集長でもある村石さん。「まいまい堂」を始めたのは、大量消費社会の中で「人も本も、行き場をなくしている」と感じてきたから。「本との出会いは個人的で、タイミングがある」と話し、「病気で寝込んでいる友人が読むのに、どんな本を贈ったら喜ばれるか」といった客からの相談にも乗っているという。

店主の好みの本が並ぶブックカフェ「まいまい堂」。
本をきっかけに会話がはずむことも＝長野市上千歳町

23 電子書籍、徐々に膨らむ市場——紙の本との関係、続く模索

「電子書籍に興味はあるけれど、いま、専用端末を買おうとは思わない」。信州大学のゼミで、定期的に「ビブリオバトル」（書評合戦）に参加する経済学部3年（取材当時）の太田祥平さんはそう話す。ノート型パソコンとスマートフォン（多機能携帯電話）を持ち、その上、専用端末を買う余裕はないという。電子書籍はスマホでも読めるが、画面が小さい上、電子書籍の価格は、紙の本と比べて割安感をあまり感じない。「紙の本の半額ぐらいなら買ってもいいけれど…」

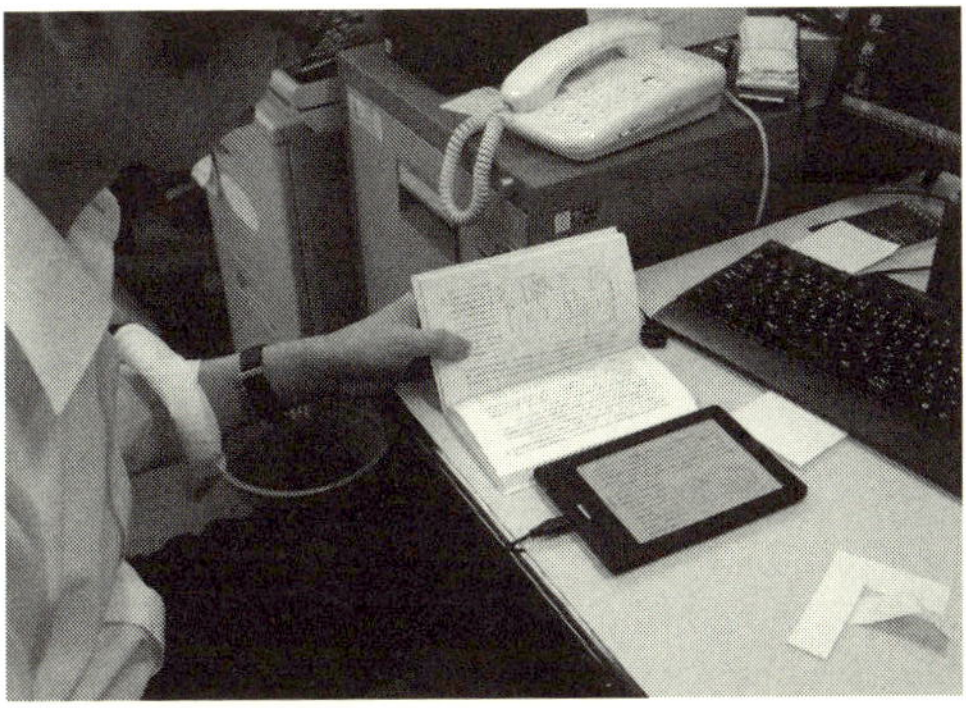

電子書籍版の岩波新書を、紙の本と読み比べて確認する岩波書店の担当者

インターネットを経由して本や雑誌を端末に取り込み、ディスプレーで読む電子書籍。紙の本のように置き場所がいらず、文字を大きくして見やすくしたり、文章の検索機能を使って読みたい箇所を見つけたりといった機能も便利だ。民間研究機関の報告によると、電子書籍の2011年度の市場規模（推計）は629億円。今後はスマホやタブレット型多機能端末の利用拡大、より機能的な電子書籍リーダーの開発などにより、5年後の16年度には約3・1倍の2000億円程度に市場規模が膨らむと予想されている。

2012年は、米アマゾン・コムや楽天などが1万円以下という低価格の電子書籍専用端末を発売し、電子書籍に対する注目が一気に高まった。ただ、これまで度々「電子書籍元年」と騒がれてきたものの、話題先行の感は否めず、市場規模は、出版販売総額の数％にすぎない。

ネックの一つが価格。米国で電子書籍が広がったのは、紙の本よりも大幅に安く売ったことが大きな要因とされる。日本では「再販制度」により、紙の出版物は小売店に定価で販売させることができるのに対し、電子書籍はその適用を受けないはずだが、紙の本との差は小さい。立命館大の湯浅俊彦教授は「日本の出版社は安い電子書籍の割合が増えると、収益が下ると恐れている。このため、出版社が電子書籍の発売元にもなるといった手法で、値崩れを防いでいる」と指摘する。

大正大の歌田明弘教授は「出版社は電子書籍の安売りを恐れていて、作家も同様だ」と指摘。12年は電子出版事業を進めていくため、大手出版社や印刷会社などの共同出資会社「出版デジタル機構」が発足したが、「現状では価格決定権も不透明で、点数がまだ少ない電子書籍が拡大するかの道筋は見えていない」と話す。

日本語の電子書籍の累計販売点数は、携帯電話向けを除いて20万点ほど。紙の新刊が毎年8万点前後出ているのと比べると、その3年分にも満たない。

□　□

「爆発的に普及したときに備えて、経験を積んでおこうという姿勢。つかず離れず、遅れないように…」。岩波書店で電子出版を担当する田中正明・編集委員は電子書籍への対応をこう説明する。

『広辞苑』のCD－ROM版を1987（昭和62）年に出し、書籍の電子化では他社に先駆けた岩波。90年代以降、電子書籍の研究に取り組み、大学の教科書や図書館向けの販売も試行している。2011年11月からは電子書籍の定期刊行を開始。岩波新書を月4点、岩波ジュニア新書を月1点のほか、岩波文庫を4月と11月に30点ずつというペースだ。

しかし、その売れ行きは、紙の本に比べてわずか。例えば、紙の本で1万部売れた本があるとすると、その電子版は100部と、およそ2桁少ない数字。田中さんは「各種の端末でスムーズに読めるかどうかの確認作業や、著作権の処理など、意外と手間がかかる。出費の方が多くて、とても商売にならない」と話す。

□　□

一方、アマゾンやアップル、グーグルといった米国の企業に電子書籍市場を奪われるのでは――という危機感も背景に、電子書籍に積極的に取り組む機運が高まっている。

出版大手のKADOKAWA（カドカワ）は「市場の伸びを見込んで、引き続き力を入れる」（広報担当者）とする。これまで紙の本よりも遅れて発売していた電子書籍をできるだけ紙の本と同時発売にし、電子書籍購入の利便性を高める。紙の本にはない、半額以下で売る期間限定のフェアや、まとめ買いへのポイント還元のキャンペーンなども実施している。

講談社は2013年6月下旬から「夏☆電書」と銘打って、PR作戦を展開。また週刊の漫画雑誌『モーニング』の電子版を、月額500円で読めるサービスを始めた。紙で月4回買う場合の1320円に比べれば、かなり得になる。雑誌の売り上げが減る中、電子書籍をきっかけに多くの作品を知ってもらい、単行本の売り上げにもつなげようという戦略だ。

□　□

「今のところ、もともと本を読む人が電子書籍を買っているだけで、本を読んでいない人を引き込めていないのではないか」

専修大の植村八潮教授は出版文化の現状を、こう指摘する。引き合いに出すのは、テレビドラマの作り方。当初は、舞台演劇をそのまま撮影して放映していたが、次第にクローズアップなど、映像表現ならではの「文法」が確立されたという。「電子書籍を紙の本の代わりと考えない方がいい。ディスプレー（画面表示）の機能をうまく使って、紙の本にない価値を高めていくべきだ」

岩波書店の田中さんも「欧米の科学ジャーナルの電子版には、手の骨の構造を3次元の画像で表示するものもある。そういう付加価値を付けていくことが、今後の課題」と話す。電子書籍が紙の本にはない魅力を出しながら、紙の本との〝共存〟を図っていくことが、新たな読者をつくりだし、出版文化を充実させていくカギにもなるだろう。

コラム　〈図書館にも電子書籍〉

伊那市立伊那図書館は2012年2月、タブレット型多機能端末「iPad（アイパッド）」を10台導入し、希望者はカウンターで使ったり、館内を持ち歩いたりしている。現在は著作権が切れた作品を無料で読めるように設定してあり、電子書籍の購入も検討している。平賀研也館長は「若い世代はもちろん、表示される文字の大きさや書体を変えられるため高齢者の反応が良かった。『紙の本と電子書籍の対立』と考える時代ではない。従来の活字情報とともに、利用者が多くの情報を検索し、知識の蓄積ができるようにしていきたい」と話している。

コラム　〈電子出版EXPO、来場者に熱気〉

「『電子書籍』の動向が全てわかります」——。こんな触れ込みで「第17回国際電子出版EXPO」（東京国際ブックフェア実行委員会など主催）が2013年7月上旬、東京ビッグサイトで開かれた。電子書籍用の端末やソフトウエアなど、関連する企業105社が出展し、最新の技術やサービスをPRした。

このうち凸版印刷は、電車内の中づりの雑誌広告から、読みたい記事だけを選んで、端末で購入できるようにするアプリ（応用ソフト）を紹介。またフォント（書体）開発・販売のモリサワは、電子版の雑誌の記事を、好みの声と速さで読み上げるシステムを実演した。ある会社の担当者は「昨年より来場者の熱気がある。いよいよ本格的なビジネスになってきたと思います」と話していた。

電子書籍の最先端を紹介した「国際電子出版 EXPO」＝ 2013 年 7 月 5 日、東京

24

本と人を結ぶ試み
——書評合戦・考える読書会…

洪水のように新刊が出る一方で、本離れ・読書離れが叫ばれる現在。本と読者をつなげるには何らかの仕掛けも必要になっている。各地のユニークな取り組みを追った。

□　□

「ジャケットの絵を楽しめるほか、60～70年代の米国の記録にもなっていて、一粒で何度もおいしい」

2013年7月20日、松本市の大型書店「丸善松本店」

高橋さん（右端）と議論しながら本を読み進める「ジョコンダの会」＝神奈川県伊勢原市

の一角。同市でショットバーを経営する坪野修久《のぶひさ》さんは、約40人の聴衆を前に、持参したドリ・ハダー著『ミンガリング・マイクの妄想レコードの世界』（スペースシャワーネットワーク）がいかに面白いのか、熱弁をふるった。

同書店が主催したビブリオバトル（書評合戦）。坪野さんを含め、学生や会社員ら20〜40代の男女5人が、お薦めの1冊を5分間の制限時間内に思い入れたっぷりに紹介。それぞれ2分間、質疑応答を行い、最後に、発表を聞いた全員が、もっとも読みたいと思った本を挙手で「投票」。今回、坪野さんお薦めの本が、優勝に当たる「チャンプ本」に選ばれた。

ビブリオバトルは、立命館大の谷口忠大准教授らが2007年に考案。普及委員会をつくり、全国に広めようとしている。

次のような公式ルールがある。①発表参加者が読んで面白いと思った本を持って集まる。②順番に一人5分間で本を紹介する。③それぞれの発表の後に参加者全員でその発表に関するディスカッションを2〜3分行う。④全ての発表が終了した後に「どの本が一番読みたくなったか？」を基準とした投票を参加者全員一票で行い、最多票を集めたものを「チャンプ本」とする。

長野県内では、委員の一人で、信州大経済学部の荒戸寛樹講師（現・首都大東京准教授）がゼミや図書館などで開催。今回、同学部と学生のサークル「ビブリオバトル信州」が協力した。

「本が多すぎてどんな本を選んでいいか分からない人に、本と出会うきっかけをつくることができる」と荒戸さん。「アマゾン」などのインターネット販売にも本を薦める機能はあるが、ビブリオバトルの特徴は、本との出会いの意外性だという。今回も、エッセー、SF小説、ノンフィクションなど、聴衆には意外に思える取り合わせの本が〝参戦〟した。

「どんな本に興味があるかで、その人を知ることができるのもビブリオバトルの効果の一つ」と荒戸さん。「人と人との関係が疎遠になりがちな今、本をきっかけに、人と人とが、もっとつながっていけたらいいと思う」

□　□

本を深く読み、自分で考える力を身につける——。神奈川県伊勢原市で児童書店「カンガルーハウス」を経営する高橋正修《まさのぶ》さんは、そんな思いを軸に、読書会「ジョコンダの会」（週1回）などを開いている。

2013年7月中旬に開いた同会では、中馬清福・信濃毎日新聞主筆（2014年死去）の『考II』から、教育論をテーマにした「百年の計か朝令暮改か」を中心に10ページほどを読んだ。参加したのは高校生、大学生、教員、子育て中の母親など十数人。

「読んでみて今の教育のどこが問題だと思った？」。高橋さんが問うと、ある母親は「知識の詰め込みがよくないから、ゆとり教育にしたのに、今度はそれがいけないと、以前に戻った。

子どもにどう勉強させていいか困る」。高橋さんが「じゃあ、どうしたらいい？」とさらに聞くと、男子大学院生が「ゆとり教育のどこがよくて、どこが悪かったのか、きちんと検証していないのが問題だと思う」と発言。「そうだね。じゃあ中馬さんの意見は？」

こうした導き方は、子どもが繰り返し読んでとせがむ絵本や児童書の手法をもとにしているという。次の展開への予想や期待を抱かせ、それを満足させたり、ときに意表を突いたりするという構造だ。また、それを意識して読書をすれば、難解とされる本でも、興味を持ってページをめくることができるという。この日も、まず参加者が連れてきた2人の幼児と一緒に、手作りの紙芝居を楽しんでから『考II』に入った。

本離れが深刻だが、「私のところに来ている子どもたちを見ていると、まったくそうは思えない」と高橋さん。

児童書をはじめ、「よい本」だと思うものは難解そうな本でも子どもたちに薦める。中学生が、政治学者の丸山真男や哲学者の中村雄二郎の著書など、大人でも難解と敬遠するような本を読破するという。

「内容のすべてを分かる必要はありません。僕だってそう」と高橋さん。「むしろよく分からない、変だなあと思うことを胸にためておくことが、読書の大切さ。独りよがりにならず、人間の幅を大きくしてくれるのが読書だと言いたい」

コラム　〈岩波書店も読者とのつながり模索〉

岩波書店も、読者と双方向の新たなつながりを模索している。その一つが2013年5～7月、計6回催した「岩波BOOK　CAFE（ブックカフェ）」。東京都千代田区の同社ロビーを会場にした、著者らによるトークイベントで、近くの喫茶店が提供するコーヒーを片手に、気軽に参加してもらおうという試みだ。

同年6月下旬の回は、『面白い本』（岩波新書）の著者で、書評サイト「HONZ（ホンズ）」を運営する成毛真さんが「『岩波科学ライブラリー』が面白すぎる」との題で、同ライブラリーに収められた『クマムシ?!』『ハダカデバネズミ』といった本の魅力を中心に語った。インターネットも活用。イベントの様子は、フェイスブックとツイッターで〝実況中継〟したほか、動画サイト「ユーストリーム」でも配信した。成毛さんの回では、動画を見ていた人から質問がネット経由で寄せられ、会場の成毛さんが答える場面もあった。

他の回は、社会学者小熊英二さん、音楽家大友良英さん、翻訳家金原瑞人さんらが出演。毎回、定員の40人は満席となる盛況ぶりで、リピーターもいたという。

企画・運営したのは、同社編集局副部長の小田野耕明さんら、中堅・若手の有志社員10人。

出版不況が深刻な中、「何かやらなきゃだめだ」という危機感があったという。「読者の顔が見えて、私たち編集者にとっても刺激になった」と小田野さんは話した。

2013年6月下旬、岩波書店ロビーを会場に開いた「岩波 BOOK CAFE」。ネットでの動画中継も行われた

25 出版のこれから・3氏インタビュー

――人をつなぐ原点見つめて

岩波茂雄が岩波書店を創業して100年。ここまで、同社の歩みを軸に、出版文化と社会の関わりを見てきた。出版不況、本離れが叫ばれる今日、岩波書店の歴史から何を学び、出版の課題をどうとらえたらいいのだろうか。同社の岡本厚社長と、2013年9月に岩波茂雄の評伝を同社から刊行した北海道大大学院准教授の中島岳志さん、出版界に新風を起こしている「ミシマ社」代表の三島邦弘さんへのインタビューをもとに考察した。

〈近代社会の背骨〉

「岩波茂雄は、愛国的で、リベラル（自由主義的）な精神の持ち主だった。リベラルとは、本来、寛容という意味。だから茂雄は、自分の思想に合う、合わないは別にして、一定のレベル以上ならば出版した。（右翼の信奉する）吉田松陰の全集を出すのと、（左翼の信奉する）マルクスの資本論を出すのは同じ精神から出ているとし、さまざまな考えを世に問おうとした」

中島さんは、茂雄がリベラルなナショナリストであったことに着目する。

茂雄が始めた岩波文庫は、単に安い定価の本というだけでなく、古典をあらゆる人の手元に届けたいという、彼なりの社会改革であり、リベラリズムの表れだった、と中島さんはみる。後の岩波新書創刊にも、その考えは通じており、「茂雄がつくりだした形式に今の出版界が成り立っているところが大きい」。

岡本さんは、「近代社会の背骨」という表現で、岩波書店の功績を説明する。「明治以降、日本の近代化にあたって、その背骨をつくる論理や思想を人々に伝えるために出版が必要とされた。岩波はそうした近代社会の背骨をつくってきた」

三島さんも、「文化の配達夫」と自称した茂雄を尊敬する一人。「生意気かもしれないが、茂雄がしてきたことを、現代でやりたい」。体当たりで夏目漱石から出版の承諾を得たり、関東大震災後の焼け野原を駆けずり回って原稿を集めたりした茂雄。そこに編集者や出版社の原点を見いだす。

戦時中の言論統制にも耐え、戦後、総合雑誌『世界』を創刊、言論を主導した岩波書店。しかし、その勢いは、60年安保闘争の前後にピークを迎え、1970年代以降は次第に後退。「岩波知識人」「岩波文化人」という言葉は、今や死語に近い。
岡本さんは「戦後しばらく、戦争を二度と起こさないという価値を社会が共有していた。だが、戦争体験のない世代が多くなると、戦争や平和に関係する言葉が重みを失い、観念の世界になった。知識人、文化人という言葉自体もなくなってきた」という認識だ。最近は、現場をふまえて発言する「活動家タイプの知識人」の著者を重視しているという。

岡本厚「おかもと・あつし」
1954年生まれ。東京都出身。77年に早稲田大卒業後、岩波書店入社。総合雑誌『世界』編集部に配属され、96年〜2012年同誌編集長。2013年6月、社長に就任。長野県須坂市で開く「信州岩波講座」副実行委員長を務める。

「茂雄の頃の方が活力があった」と三島さん。
中島さんは、茂雄の死後、岩波の体質が変化したと指摘する。「戦後の岩波は、丸山真男をはじめ、当時の若い世代によるラジカル（急進的）な論調をつくった。そこから、ある種の左派権威主義的な路線を歩みすぎて、幅が狭くなった」とし、「岩波が苦境に立つ今、茂雄のウイングの広さに回帰してもいい」と提言する。

〈〝一冊入魂〟大切〉

この100年、出版をめぐる状況は大きく様

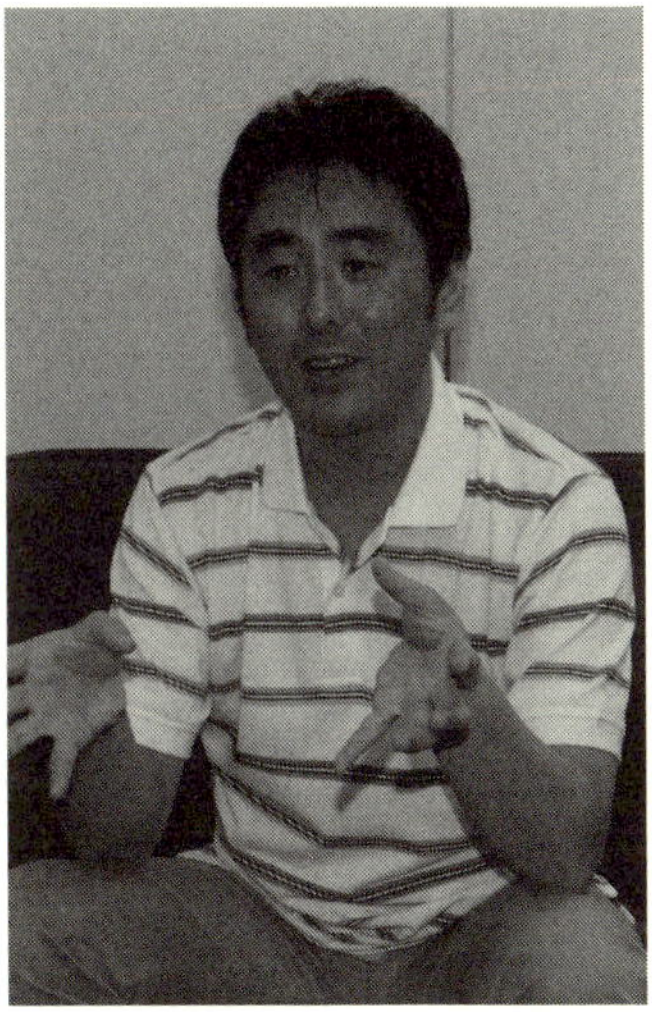

中島岳志［なかじま・たけし］1975年大阪府生まれ。大阪外語大卒、京都大大学院博士課程修了。北海道大大学院准教授。著書に大仏次郎論壇賞を受けた『中村屋のボース』のほか、『ナショナリズムと宗教』『秋葉原事件』など。近著に『「リベラル保守」宣言』。

変わりした。最近はインターネット、スマートフォン（多機能携帯電話）の普及で、本離れ・読書離れが進み、言論の在り方も変容したとされる。

岡本さんは「ネットの世界では、例えば『あの国はけしからん』という一方的な意見に、どっと共感してしまう。岩波をはじめ、出版の世界はそこに食い込むことができていない。ネットだけの世界に生きている人たちに本を読めと言っても現実には難しい。妙案はない」と悩む。

中島さんは「ツイッターなど、今の言論は、まるで脊髄反射のよう。これでは10年後、20年後の社会をどうするかといった公論（パブリックオピニオン）が形成されない」と懸念。「かつては新書も10年はもつ話題が中心だったのに、今は1年でも厳しい。出版は速さに巻き込まれるのではなく、『落ち着け』と言う側にいるべきだ」と提言する。

三島さんは、出版本来の役割を追求する。最近の出版界について、「ビジネス一辺倒になり、読者を消費者にしてしまった」と批判。洪水のように新刊を出す出版界は、目新しさを追っては、返品の山を築くという悪循環に陥った。「本は普通の工業製品を作るのとは違う。〝一冊入魂〟という気持ちが大切」。例えば、ミシマ社は、取次を通さずに、社員が書店を回ったりして、その本のよさを伝えながら取引をする手法を採る。「大変だけれど、書店員も知らない本が、大量に送られてくる現状の方がおかしい」

〈世界を変える本〉

一冊の本が人生を変えることもある。「本は、単なる情報とは違う。『あの時、あの人と会ってよかったな』と思うような、人との出会いに近い」と三島さんは言う。だからこそ、その仲立ちをする出版は、携わる人の感性やコミュニケーション力が重要になってくる。

岡本さんは編集者の仕事ぶりを心配する。いま、変えたいと思っているのは「静かな編集部」だ。編集者がパソコンにばかり向かい、社内の議論は減った。「頭の中だけで考えていてはだめ。顔と顔を突き合わせて議論して、問う力を磨く。そうした経験から得た人間的な総合力だけが、著者の魅力を引き出せる」

出版界の今後は不透明だが、茂雄らの姿勢に学び、「良い本を届ける」という原点に立ち返ることが出版文化を次世代につなげていく基盤になるのだろう。

「例えば、マルクスの資本論がそうだったように、一冊の本が世界を変えてしまうことがある。その意味で、書き手と編集者二人で世の中をひっくり返すことができるかもしれない」と中島さん。時代が変わり、出版を取り巻く環境が変容しても、「本」が持つ可能性は計り知れない。

三島邦弘［みしま・くにひろ］
1975年京都市生まれ。京都大卒。出版社2社で単行本編集に携わった後、2006年、「ミシマ社」を設立。内田樹『街場の中国論』、益田ミリ『はやくはやくっていわないで』、平川克美『小商いのすすめ』などを刊行。

戦後のベストセラー（各年とも出版ニュース社発表の１位）

年	作品名	著者名
1945	（発表なし）	
46	旋風二十年	森正蔵
47	旋風二十年	森正蔵
48	愛情はふる星のごとく	尾崎秀実
49	この子を残して	永井隆
50	細雪	谷崎潤一郎
51	ものの見方について	笠信太郎
52	新唐詩選	吉川幸次郎ほか編
53	光ほのかに　アンネの日記	アンネ・フランク
54	女性に関する十二章	伊藤整
55	はだか随筆	佐藤弘人
56	太陽の季節	石原慎太郎
57	挽歌	原田康子
58	人間の條件１～６	五味川純平
59	にあんちゃん	安本末子
60	性生活の知恵	謝国権
61	英語に強くなる本	磐田一男
62	易入門	黄小娥
63	危ない会社	占部都美
64	愛と死をみつめて	河野実・大島みち子
65	日本の歴史　１～10	井上光貞ほか
66	氷点	三浦綾子
67	頭の体操　１	多湖輝
68	どくとるマンボウ青春記	北杜夫
69	天と地と	海音寺潮五郎
70	冠婚葬祭入門	塩月弥栄子
71	日本人とユダヤ人	イザヤ・ベンダサン
72	恍惚の人	有吉佐和子
73	日本沈没　上・下	小松左京
74	かもめのジョナサン	リチャード・バック
75	播磨灘物語　上・中・下	司馬遼太郎
76	翔ぶが如く　１～７	司馬遼太郎
77	間違いだらけのクルマ選び	徳大寺有恒
78	和宮様御留	有吉佐和子
79	算命占星学入門	和泉宗章
80	シルクロード　１～４	ＮＨＫ取材班ほか
81	窓ぎわのトットちゃん	黒柳徹子
82	悪魔の飽食	森村誠一
83	気くばりのすすめ	鈴木健二
84	愛のごとく　上・下	渡辺淳一
85	女の器量はことばしだい	広瀬久美子
86	化身	渡辺淳一
87	サラダ記念日	俵万智
88	ノルウェイの森　上・下	村上春樹
89	ＴＵＧＵＭＩ	よしもとばなな
90	愛される理由	二谷友里恵
91	もものかんづめ	さくらももこ
92	さるのこしかけ	さくらももこ
93	マディソン郡の橋	ロバート・ジェームズ・ウォラー
94	大往生	永六輔
95	ソフィーの世界	ヨースタイン・ゴルデル
96	脳内革命　１・２	春山茂雄
97	失楽園　上・下	渡辺淳一
98	大河の一滴	五木寛之
99	五体不満足	乙武洋匡
2000	だから、あなたも生きぬいて	大平光代
01	チーズはどこへ消えた？	スペンサー・ジョンソン
02	生きかた上手	日野原重明
03	バカの壁	養老孟司
04	世界の中心で、愛をさけぶ	片山恭一
05	頭がいい人、悪い人の話し方	樋口裕一
06	国家の品格	藤原正彦
07	女性の品格	坂東眞理子
08	夢をかなえるゾウ	水野敬也
09	１Ｑ８４	村上春樹
10	もし高校野球の女子マネージャーがドラッカーの「マネジメント」を読んだら	岩崎夏海
11	謎解きはディナーのあとで	東川篤哉
12	聞く力	阿川佐和子
13	医者に殺されない47の心得	近藤誠
14	長生きしたけりゃ　ふくらはぎをもみなさい	槙孝子

出版界の主な出来事

1887年ごろ～	明治20年ごろ～	本の取次業者ができ、近代的な出版流通形態に
1909	42	講談社の前身、大日本雄辯會創立
11	44	女性による初の文芸誌「青鞜」創刊
13	大正2	岩波茂雄が東京・神田神保町に岩波書店（古書店）創業
14	3	岩波書店が夏目漱石「こころ」で出版業に乗り出す
19	8	総合雑誌「改造」（改造社）創刊。大正デモクラシーを背景に進歩的議論で多くの読者をつかむ
22	11	小学館創業
23	12	菊池寛が文藝春秋社創設。雑誌「文藝春秋」創刊
26	15	小学館が娯楽雑誌部門を分離し、集英社設立
27	昭和2	岩波文庫創刊。紀伊國屋書店が新宿で創業
35	10	文藝春秋社が芥川賞・直木賞創設
38	13	岩波新書創刊
40	15	塩尻市出身の古田晁が筑摩書房創業
43	18	戦時統制の出版事業令公布（45年廃止）。戦時中に出版社3700社は1200社に大幅淘汰
45	20	終戦。残存出版社は約300社・小売書店約3000店。早川書房、凡人社（現マガジンハウス）、角川書店が創業
46	21	岩波書店が雑誌「世界」創刊。「改造」「中央公論」などの雑誌復刊。岩波茂雄死去。茅野市出身の小尾俊人が友人2人とみすず書房創業。学習研究社（学研）も
47	22	上田市出身の小宮山量平が理論社創業
49	24	日本出版販売（略称・日販）、東京出版販売（現トーハン）など新しい取次会社が発足
55	30	「広辞苑」（岩波書店）発刊
56	31	「週刊新潮」創刊、出版社系週刊誌の第1号
59	34	日本初の少年向け週刊誌をうたい週刊少年マガジン（講談社）創刊。週刊少年サンデー（小学館）も同時発売。「週刊現代」「週刊文春」など出版社系週刊誌続々創刊
68	43	川端康成のノーベル文学賞受賞で川端作品ブーム
70	45	女性誌「アンアン」創刊
73	48	筑摩書房創業者の古田晁死去
78	53	筑摩書房が会社更生法適用を申請し事実上倒産。全集・教科書などの刊行は続ける
80	55	「Number」「ブルータス」など雑誌創刊相次ぐ
81	56	写真週刊誌「フォーカス」創刊、引き続き創刊ブーム
88	63	マンガ週刊誌「少年ジャンプ」（集英社）が500万部の大台突破
94	平成6	大江健三郎がノーベル文学賞受賞。「ちくま新書」創刊
98	10	「文春新書」創刊
99	11	「平凡社新書」「宝島社新書」「集英社新書」創刊
2008	20	出版社数約4000社割れ
10	22	国民読書年で多彩な取り組み。タブレット型多機能端末IPad（アイパッド）が登場、「電子書籍元年」と呼ばれる。理論社が民事再生法申請
11	23	みすず書房創業者の小尾俊人死去
12	24	各社が低価格の読書専用端末を発売し電子書籍への注目高まる。理論社創業者の小宮山量平死去

（敬称略）

本の世紀　解題

岩波書店とイノベーション——永江朗

いま日本の出版産業は大きな転機に立っている。それは危機ではなく、あくまで転機である。なぜなら、本をつくり、本を読むという人間の行為は、文明が続くかぎりなくならないからだ。

本の起源は5000年前の古代メソポタミアにまでさかのぼることができる。植物の茎で印を刻みつけた粘土板は本のもっとも原始的なかたちである。あるいは、本を物質に描いたものによるコミュニケーション手段ととらえるなら、アルタミラやラスコーの洞窟壁画もまた本と呼べるだろう。人類はその歴史をほとんど本とともに歩んできた。これからも書物はありつづけるだろう。

書物はなくならない。しかし、ここ数十年の日本の出版産業についていえば、大きな曲がり角にあることはたしかだ。

たとえば、戦後一貫して伸び続けていた新刊書籍・雑誌の市場は、バブル経済崩壊直後の1990年代なかばをピークにして縮小に転じ、以来、20年にわたって減り続けている。今も回復の兆しはまったく見えない。少なくともしばらくは減少傾向が続くだろう。

雑誌は次々と休刊し、販売収入と広告収入の減少が出版社の経営に大きな打撃を与えている。「休刊」とはいうものの、ほとんどは永久に休んだまま、刊行を再開する雑誌はめったにない。たいていの「休刊」は「廃刊」を言い換えただけで、「撤退」を「転戦」、「全滅」を「玉砕」と言い換えた大日本帝国軍のようなものだ。

市場収縮のなかで書店間の競争は激化して淘汰が進み、2001年には2万1000店あった書店は1万4000店にまで減った。出版不況といわれるが、これを一時的なリセッションだと思う人はいないだろう。出版不況というよりも、出版崩壊といったほうが適切かもしれない。

新刊書が売れなくなった理由は複雑だ。まず、日本経済の状況が大きい。アベノミクスなどといわれても、効果があったのは一部の株価と不動産ぐらいのもので、経済全般へのプラス効果はとぼしい。それどころか、不況の中で企業は人件費を経営の安全弁とすることを覚え、非正規雇用労働者が増えて雇用は不安定化している。一方で企業別組織に押し込められた労働組合は、正社員組合員の利益確保を優先して、非正規雇用労働者との連帯を忘れ、結果として不安定化に抵抗する力を失ってしまった。書籍や雑誌は他の商品に比べても安価なものだと私は思うが、それすら購入するのは贅沢だと感じる人が多い。

人口減少、とりわけ生産労働人口の減少は深刻で、これは長期不況と連動している。たとえば書物のような商品の場合、同じ商品を2度買う人はめったにいない。人口が減ったから1人で2冊買ってもらうわけにはいかない。これが鯛焼きなら、今まで1個食べていた人に2個食べてもらえば人口減少はカバーできるけれども。本は鯛焼きのようには売れない。もっとも、鯛焼きを1人2個食べたら、その分、豆大福を食べる余裕が、身体的にも金銭的にも失われるので、甘いものの市場全体の縮小傾向は変らない。おっと、ここで鯛焼きだの豆大福だのを持ち出したのはあくまでもものたとえであって、国内の甘いもの市場がどういう傾向にあるのかは知らないのであるが。

人口減少はしばらく続く。いくら国が少子化対策をしても、そして仮にその効果があったとしても、実際に子どもが生まれ、生まれた子どもが成人して子どもを産み、という人口増加の循環に入るまでには何十年もの時間がかかる。5年や10年では改善しない。しかも現状の少子化対策は焼け石に水の効果すらない。働きながら産んで育てる、という選択肢しかないのに、出産と育児と労働を両立させる労働環境、保育環境がない。政治家という名の税金泥棒たちは、いまだに「育児は母親がすべき」「夫が働いて妻は家庭を守るべき」という性的役割分担で脳みそがフリーズしたまま、現実を直視できないでいる。結婚しない人の増加や晩婚化、そして子どもを産まない夫婦の存在は、この劣悪で時代錯誤的な労働環境への無言の抵抗なのだ。少子化と人口減少、そしてそれによってもたらされる市場の収縮と不況は、バカな政治家とバカな企業経営者たちへの復讐である。

新刊市場が収縮するのと同時に、読者が書物に触れる環境は多様になった。まず挙げられるのは中古市場の拡大である。1990年、神奈川県相模原市にブックオフが誕生した。「新古書店」と呼ばれるこの業態は画期的だった。まず、広くて明るく入りやすい店内。創業者はドラッグストア・チェーンのマツモトキヨシを参考にしたという。店舗照明の照度を計測して、それに倣ったというから、たんなる「参考」レベルではない。買い取った本のクリーニングや買取価格の標準化などブックオフが行ったことは古書販売の革命である。まさにイノベーション。破壊的創造。これによって、今まで古書店に足を踏み入れたことのない読者も古書を買うようになった。いちばん大きな書店がブックオフという街も少なくない。

公共図書館も変わった。数が増えただけでなく、利用時間を長くしたり、休館日を減らしたり、かなり使いやすくなった。かつて無料貸本屋と揶揄された、資料提供を主とする図書館から、利用者の課題解決のサポートをする図書館へと変身していった。オンラインの蔵書検索によって、自宅にいながらにして蔵書の有無を調べたり、他館から取り寄せたりすることも可能になった。資料購入予算は年々削減されているが、使い勝手がよくなったことで利用者は増えている。2010年には公共図書館の個人向け貸出点数が新刊書籍の推定販売部数を抜いた。

よく「読書ばなれ」「活字ばなれ」といわれるが、労働生産人口が減少する中、人びとが本に触れる機会が、新刊書の購入だけでなく、新古書店や公共図書館なども含めて多様化しているのであるから、新刊市場が収縮するのも当然である。起きているのは「読書ばなれ」ではなく、「新刊ばなれ」であり「新刊書店ばなれ」なのだ。

そして、こうした傾向はこのあともしばらく続く。新刊市場が拡大することは、今後しばらくありえないと考えていいだろう。よほどのことがないかぎりは。

ブックオフが古書店界の革命を起こし、公共図書館が大きく変化する一方で、新刊の書籍や雑誌には大きな革新と呼べるようなものがあっただろうか。イノベーションといえるほどの大きな変化は、唯一、電子書籍を除いては、何もなかったといっていいのではないだろうか。せいぜいがファッション雑誌に付録をつけることだったり、図鑑を細分化して週刊誌のように売る週刊百科(パートワーク、ワンテーママガジン)ぐらいだろう。もっとも、付録はかつて少女漫画誌や学年誌がやってきたし、週刊百科も以前からある形態だ。新たに発明されたものではなく、たまたまブームになっただけである。

ここで岩波書店100年あまりの歴史を振り返ってみると、たくさんのイノベーションがあることに気づく。岩波文庫、岩波新書、『広辞苑』。こうした出版物は書物の形態として新しかっただけでなく、われわれの読書のスタイルを変え、現代人の生活に深く入り込んでいる。たとえば文庫本のない読書生活は考えられないし、新書がベストセラーランキングに入らない週はない。『広辞苑』は小型百科事典の役割を兼ねた中型国語辞典の代名詞となり、「『広辞苑』によると」はエッセイの常套句となった。

また、注文買切制という岩波書店の取引スタイルは、返品率の高止まりや書店の無個性化のなかであらためて見直されている。

岩波書店の歴史というと、もっぱらその出版物の中身による社会的影響が語られることが多いが、じつは形態も含めて日本の書物を変え、イノベーションを繰り返してきた出版社である。日本の出版産業が縮小トレンドに入り、すっかり活力を失っているように見えるのは、かつての文庫や新書が登場したときのような、大胆な創造的破壊が行われていないからだ。たとえば文庫を出せば、元の単行本は売れなくなる。しかし、単行本が売れなくなる損失を補ってありある利益が文庫本によってもたらされる。それは金銭的な利益だけでなく、たとえば廉価になることでより多くの人がその本を読むことができるようになるし、作家や作品の認知度も上がるだろう。そうした、何かを失ってでも、より大きなものを得ようとする大胆さが、現在の日本の出版産業では衰えている。

なぜ現代の出版産業にイノベーションがないのか、なぜ岩波書店にはイノベーションが可能だったのか。岩波書店１００年あまりの歴史をいま振り返ることはむだではないだろう。

イノベーションとしての岩波文庫

岩波書店最大の「発明品」は文庫本である。もっとも、ドイツのレクラム文庫に倣った「文庫」としては、すでに冨山房から袖珍名著文庫が1903年に創刊されていたし、新潮社は1914年に新潮文庫を創刊している。ただA6判（当初は110ミリ×152ミリの菊半裁。105ミリ×148ミリのA6判になるのは1941年7月から）というサイズやその後の継続性という点から考えると、現在まで途切れることなく続いている最古の文庫本は岩波文庫といっていいだろう。

もちろん仮に岩波茂雄が岩波文庫を始めていなかったとしても、おそらく誰かが文庫を創刊し、他社もそれに続いただろう。だから、新潮文庫が先か、岩波文庫が先かといった話は、あまり重要ではないかもしれない。

冨山房の袖珍名著文庫の名前にもあるように、袖珍、つまり着物の袖や洋服のポケットに入るようなサイズの本は西洋でも東洋でも古くからあった。書物を携帯したいという思いは、古今東西、本好きにとって共通のものなのだ。

岩波書店はこのニーズをとらえ、さらに円本ブームで明らかになった名作アンソロジーに対するニーズも盛り込んで岩波文庫を創刊したのだろう。背景には関東大震災で多くの人が蔵書を失い、本に飢えていたということもあったと思う。

携帯できる本へのあこがれとニーズは現代も変らない。たとえば電子書籍も登場したころはソニーのリーダーやアマゾンのキンドルなど専用端末で読むのが主流で、ついでスクリーンサイズ8インチ程度の小型のタブレットで読まれるようになった。しかしiPhone 6や同6plusなど大型で繊細な画面のスマートフォンが登場すると、これで読む人が増えてきている。スマートフォンのほうが携帯性がすぐれているからだ。

「文庫」という言葉は、もちろん岩波書店の発明ではなくて、古くからある。『広辞苑』によれば、和語「ふみくら」に当てた漢字を音読した語なのだそうだ。文《ふみ》の庫《くら》だから「ふみくら」である。もともと書庫だった。『広辞苑』は〈一般に、図書館が公衆の閲覧を目的とするのに対して、書籍の蒐集を目的とするもの〉と説明している。

鎌倉時代に北条実時がつくった金沢文庫は、現在は京浜急行の駅名にもなっている（そのわりには、駅からずいぶん歩くのだけれども）。和漢の貴重書を集めて保存しただけでなく、学校としての活動も行なった。大量印刷技術がまだない時代だから、書物は1冊1冊、ひと文字ひと文字、手で書き写さなければならない。書物の希少性と価値は現代とは比べものにならないほど高かった。そして、それを蒐集し、保存する意義も。

江戸時代、多くの藩が藩校をもうけ、藩士の子どもたちを教育した。武士だけでなく、庶民でも優秀な者には門戸を開いた藩校もあったという。多くの藩校には文庫があった。

現代のわれわれにとっては、「文庫」とはまずそのサイズであり、ポケット版のことであるが、岩波文庫がスタートした1927年は、むしろ「ふみくら」としての「文庫」であり、「コレクション」や「シリーズ」といった意味だったろう。それは冨山房の袖珍名著文庫という名称からもわかる。「袖珍」がポケット版を指し、「名著」の「文庫」つまり、「ポケット版名著シリーズ」という意味だ。だから岩波文庫は「岩波（によるポケット版名著）文庫」という意味を込めて命名されたのだろう。

公益社団法人全国出版協会・出版科学研究所が毎年発行している『出版指標年報』等のデータを見ると、現在、文庫のレーベルは200ほどもあり、年間8500点程度の新刊が刊行されている（コミック文庫は除く）。2014年における岩波文庫の新刊点数は55点だった。新潮文庫の309点、角川文庫の311点、講談社文庫251点、文春文庫255点などと比べると圧倒的に少ない。そして、この発行点数が少ないということも、抜群の知名度と合わせて、岩波文庫の特徴になっている。利那的に消費されるものとしてではなく、長く読みつがれる古典・名著に絞った刊行方針が維持されていることの証しだからだ。また、新刊点数の少なさは、いちど刊行した本は原則として絶版にしないという岩波文庫の方針とも一体である（ただし品切はある）。

書籍全体の年間新刊発行点数は7万5000〜8万点だから、文庫が占める割合は1割程度である。推定販売部数は1億8901万冊、推定販売金額は1213億円（2014年）。書籍全体の推定販売部数は6億4461万冊、金額は7545億円であるから、発行点数で1割の文庫が、販売部数では3割、販売金額では16％を占めている。出版社にとっても書店にとっても、文庫は重要な商品である。ことに21世紀に入ってから雑誌販売が低迷していて、ビジネス面から見た文庫の重要性はますます高まっている。

70年代に講談社、文藝春秋、中央公論社、集英社などが相次いで文庫に参入すると、以降、大手・中堅出版社はほとんどが文庫を持つようになった。

背景にはいくつかの理由が考えられる。ひとつは、新潮文庫や角川文庫の隆盛で、他社もそれを座視できなくなったこと。自社で刊行した単行本が他社の文庫に入ることを、元の単行本（出版界では「親本」と呼ぶ）の編集者は「とられる」と表現することがあるが、これは「採られる」であると同時に「取られる」や「盗られる」でもある。自社の単行本は自社で文庫化したいという思いが強くなった。

1985年に筑摩書房はちくま文庫を発刊する。同社は1978年に倒産して会社更生法の適用を受け、債権者に100パーセント弁済するという異例の再建を遂げた。復活の原動力となったのが文庫発刊だったという。

70年代以降、文庫に対する見方も変わった。90年代末に亡くなったある高明な作家は、存命中、自分の作品が文庫化されるのを許さなかった。彼には廉価で小型で装丁も簡素な文庫に対する偏見があったのだろう。いまそうした感覚を持つ人はほとんどいない。もっとも、荒畑寒村（1887～1981）は1975年に『寒村自伝』が岩波文庫に入ったとき大層喜んだというから、岩波文庫は別格だったのだろう。

また講談社文庫と講談社学術文庫、講談社文芸文庫のように、ひとつの出版社が複数のレーベルを持つことも増えた。70年代から90年代までは、10年間に10レーベルずつの割合で増え、新世紀に入った最初の10年間は新規参入がやや低調だったが、2010年代になると再びレーベルが増えていった。

変化したのは出版社や書き手だけではなかった。書物の売られかた、読まれかたも変わっていった。とりわけ文芸書は、文庫化することを見込んで刊行されるようになった。現在、文芸書を手がける多くの出版社では、雑誌掲載→単行本化→文庫化というサイクルのなかで企画を考える。文庫という形態が本のつくりかたを変えた。

文庫の普及は読者の書物に対する態度も変えた。筆者は80年代、書店に勤務していたことがあるが、日常、客から「この本の文庫はまだか」とよく訊かれた。単行本が出たばかりなのに、こう訊かれることが多かった。通常の文芸書では、単行本が出て3年ぐらい、早くても2年ぐらいは先になる、また、必ずしも文庫化されるとは限らない（だから単行本を買ったほうがいい）と説明するのだが、「そんなに待たされるのか」とがっかりして帰っていく客もいた。本は文庫しか買わない、という読者も少なくないのだ。

ついでにいうと「単行本」という言葉と「文庫本」という言葉を混同している読者もわりといる。「この本の単行本はあるか」と訊かれ、棚から探して持っていくと、「もっと小さな本だ」といわれるのだ。

70年代以降、中小の書店にとって、文庫は雑誌・コミックスと並ぶ売上の柱となった。80年代に増えた郊外型書店でも、主要商品は文庫、雑誌、コミックスだった。しかしこれは、新世紀に入って中小の書店が激減すると同時に、文庫の市場が収縮することも意味している。

21世紀になって、書き下ろしの文庫や、雑誌掲載から単行本化を経ずに文庫で刊行する「いきなり文庫」が増えた。とくにライトノベルや時代小説のレーベルでは書き下ろしが主流となっている。いちいち単行本で出して、2、3年待ってから文庫にするよりも、ある程度の売れ行きが見込めるものは、最初から文庫で市場に投入しようというわけである。このことは、一部の書物にとっては文庫が最終形態であり、単行本は文庫化のためのテスト販売のようになっていることを示していると同時に、熱しやすく冷めやすい昨今の読者の好みを反映しているともいえる。

いまも岩波文庫の巻末には「読書子に寄す――岩波文庫発刊に際して――」というマニフェストがある。岩波文庫の第一弾が刊行される前日、1927年7月9日の『東京朝日新聞』第1面の岩波書店広告にも載った文章だ。岩波茂雄の名前になっているが、三木清が草案を書いて岩波茂雄が手を入れた。

〈真理は万人によって求められることを自ら欲し、芸術は万人によって愛されることを自ら望む。かつては民を愚昧ならしめるために学芸が最も狭き堂宇に閉鎖されたことがあった。今や知識と美とを特権階級の独占より奪い返すことはつねに進取的なる民衆の切実なる要求である。岩波文庫はこの要求に応じそれに励まされて生まれた〉

このようにはじまる格調高い宣言である。

このマニフェストは、当時、出版界を席巻していた円本ブームへの怒りを隠そうとしない。円本とは改造社から出た『現代日本文学全集』全63巻や新潮社の『世界文学全集』全57巻、春陽堂の『明治大正文学全集』全60巻などを指す。

〈近時大量生産予約出版の流行を見る。その広告宣伝の狂態はしばらくおくも、後代にのこすと誇称する全集がその編集に万全の用意をなしたるか。千古の典籍の翻訳企図に敬虔の態度を欠かざりしか。さらに分売を許さず読者を繋縛して数十冊を強うるがごとき、はたしてその揚言する学芸解放のゆえんなりや。吾人は天下の名士の声に和してこれを推挙するに躊躇するものである〉

予約を取って金を集めて刊行する円本は、その派手な広告宣伝の「狂態」はさておき、内容は十分吟味されているのか、と問うている。きちんと編集されているのか、と。

歴史家の礫川全次によると、岩波文庫創刊当初の「読書子に寄す」は現在のものと少し違っていたそうだ。まず、署名は岩波茂雄ではなく「岩波書店」の名であったこと、現在は1ページだが当初は見開き2ページだったこと、そして文章が一部違っている。

〈近来流行の大量出版物を見るに、或は唯広告と宣伝とに力を専らにして、その内容に至つては杜撰到底真面目なる人々の渇望を満足し得ることなく、或は予約の手段によつて読者を制限するとともに読者を緊縛し、徒らに学芸解放の美名を僭するに過ぎないのが常である〉

大意は変わらないが、「その内容に至つては杜撰到底真面目なる人々の渇望を満足し得ることなく」と激烈だ。

改造社の『現代日本文学全集』は25万セットもの予約を集めたというから、ビジネスとしては大成功だった。しかし岩波茂雄の怒りは、それに対する嫉妬と焦りだけだっただろうか。「編集に万全の用意をなしたるか。千古の典籍の翻訳企図に敬虔の態度を欠かざりしか」、あるいは「その内容に至つては杜撰」「到底真面目なる人々の渇望を満足し得ることなく」といった言葉の奥にあるのは、円本全集の編集のいいかげんさ（と岩波茂雄の目には映ったのだろう）だけでなく、「全集」というものへの不満があったのではないか。ここに、なぜ岩波「文庫」なのかということと、全集というスタイルの根本的な問題が隠されている。

文学全集はアンソロジーであり、ある編集方針のもとに作品を集める。そして全体の容量が決まっている。たとえば最近話題になった文学全集に、河出書房新社から出た池澤夏樹個人編集による『世界文学全集』全30巻がある。当初の予定では第1期12巻、第2期12巻の全24巻になるはずだったが、予想を超える好評を得て6巻増え、全30巻となった。通常の文学全集では評論家や作家からなる編集委員会と出版社の編集者とで合議して全集全体の設計を行う。どんな全集にするかというコンセプトを決め、そのコンセプトにしたがって収録すべき作品を選んでいく。

全集はあらかじめ容量が決まっているので、作品を無制限に収録するわけにいかない。何を収録するかを決定することは、同時に、何を収録しないかを決定することでもある。収録しなかった作品には、その全集の編集者以外から見ると、重要な作品があるかもしれない。

文学全集は作家別に構成されることが多い。全集にどの作家を入れるかだけでなく、その作家のどの作品を入れるかも決めなければならない。ひとりの作家が複数の巻にわたることもあるが、それでも、その作家の全作品を収録することはめったにない。

一方、1巻に複数の作家の作品を収録することもある。たとえば改造社版『現代日本文学全集』では、第8巻（第7篇）に広津柳浪、川上眉山、斎藤緑雨の3人が、第10巻（第9篇）では樋口一葉と北村透谷の2人が収録されている。複数の作家で1巻にまとめるのは、作品の数量もあるが、全集の方針から見ての価値の軽重もあるだろう。

全集の編集に参加したことがある人に聞いた話では、存命中の作家を収録しようとする場合、「あの作家と一緒の巻になるのはイヤだ」「あいつがひとりで1巻なのに、どうしてオレ／ワタシは、他の人と2人で1巻なのだ」といった不平不満が出てきて、編集が難航する場合もあるそうだ。作家が亡くなっていても、著作権を継承した遺族が、そのように主張することもある。

それに対して文庫、つまりシリーズの容量は無限だ。刊行が続くかぎり、どこまででも広げていくことができる。実際、改造社版『現代日本文学全集』が1926年に刊行が始まって5年後の1931年で完結したのに対し、1927年にスタートした岩波文庫は現在も毎月、新刊が刊行されている。全集はあらかじめ決定されていて完結的であるのに対し、文庫は外縁を絶えず広げていき開放的だといえる。

〈吾人は範をかのレクラム文庫にとり、古今東西にわたって文芸・哲学・社会科学・自然科学等種類のいかんを問わず、いやしくも万人の必読すべき真に古典的価値ある書をきわめて簡易なる形式において逐次刊行し、あらゆる人間に須要なる生活向上の資料、生活批判の原理を提供せんと欲する。この文庫は予約出版の方法を排したるがゆえに、読者は自己の欲する時に自

己の欲する書物を各個に自由に選択することができる〉

〈この計画たるや世間の一時の投機的なるものと異なり、永遠の事業として吾人は微力を傾倒し、あらゆる犠牲を忍んで今後永久に継続発展せしめ、もって文庫の使命を遺憾なく果たさしめることを期する〉

全集と文庫の本質的違いを、岩波茂雄はよく理解していた。

ちなみに、現在の各社の文庫を見ると、マニフェストがある文庫もあれば、ない文庫もある。角川文庫には１９４９年５月３日の日付で、角川源義による「角川文庫発刊に際して」という言葉がある。

〈第二次世界大戦の敗北は、軍事力の敗北であった以上に、私たちの若い文化力の敗退であった。私たちの文化が戦争に対して如何に無力であり、単なるあだ花に過ぎなかったかを、私たちは身を以て体験し痛感した〉とはじまる。

〈近代文化の伝統を確立し、自由な批判と柔軟な良識に富む文化層として自らを形成することに私たちは失敗して来た。そしてこれは、各層への文化の普及滲透を任務とする出版人の責任でもあった〉と角川源義はいう。戦争への反省を込めて、あらためて文庫を発刊するのだ、というのである。

講談社文庫には、1971年7月の日付で、野間省一による「講談社文庫刊行の辞」がある。

こちらは、〈二十一世紀の到来を目睫に望みながら、われわれはいま、人類史上かつて例を見ない巨大な転換期をむかえようとしている〉とはじまる。まだ21世紀まで30年ある時点で「二十一世紀の到来を目睫に望みながら」とは、いささか気が早いような印象もあるが、敗戦から四半世紀経ち、高度経済成長もひと段落。東京オリンピックから大阪万博も終わり、次の時代を見すえる地点に立った、という気持ちが伝わってくる。60年代末は70年安保闘争や学園闘争など若者の反乱が全国、いや全世界的に広がっていた。ベビーブーマーたちは成人している。

〈激動の転換期はまた断絶の時代である。われわれは戦後二十五年間の出版文化のありかたへの深い反省をこめて、この断絶の時代にあえて人間的な持続を求めようとする。いたずらに浮薄な商業主義のあだ花を追い求めることなく、長期にわたって良書に生命をあたえようとつとめるところにしか、今後の出版文化の真の繁栄はあり得ないと信じるからである〉

〈われわれは権威に盲従せず、俗流に媚びることなく、渾然一体となって日本の「草の根」をかたちづくる若く新しい世代の人々に、心をこめてこの新しい綜合文庫をおくり届けたい〉

講談社文庫創刊からさらに15年ほどたった1985年、福武書店から福武文庫が創刊される。福武書店はのちのベネッセで、一時期、文芸誌『海燕』や文芸書を刊行していたことがあった。島田雅彦や吉本ばなな（現・よしもとばなな）は『海燕』出身である。

福武哲彦による「福武文庫創刊に際して」は次のように書く。

〈かつて文庫とは、すでに古典であるか、または古典たりうる保証のもとに登録された文章であった。それらは、停滞をきらう文化自体の日々の生成と両輪をなして、いわば後衛としての遺産伝承のもとに、日本文化の土台を支えて来たものであった〉

〈しかし、この文化としての王道は、文化そのものが包摂する変転、進歩の法則を抱いて現代に突入するに及んで、自らを脱皮の対象とする波乱の局面を迎えたのでもあった。世にいう価値観の多様化が、それである〉

こうして、1927年、1949年、1971年、1985年と、とびとびに各文庫の創刊マニフェストを見ていくだけで、文庫と社会の変化が見て取れる。文庫の役割は少しずつ変わり、しかし岩波文庫は古典重視の姿勢を変えずに来た。そのかわり岩波書店は2000年に岩波現代文庫を創刊している。

「岩波現代文庫の発足に際して」は、次のようにいう。

〈新しい世紀が目前に迫っている。しかし二〇世紀は、戦争、貧困、差別と抑圧、民族間の憎悪等に対して本質的な解決策を見いだすことができなかったばかりか、文明の名による自然破壊は人類の存続を脅かすまでに拡大した。一方、第二次大戦後より半世紀余の間、ひたすら追い求めてきた物質的豊かさが必ずしも真の幸福に直結せず、むしろ社会のありかたを歪め、人間精神の荒廃をもたらすという逆説を、われわれは人類史上はじめて痛切に体験した〉

それぞれのマニフェストに共通しているのは、時代に対する危機意識と、そのなかで書物が果たすべき役割についての使命感である。

ところで、円本は、大卒初任給が80円、もりそば10銭、天丼60銭という時代に1巻1円だった。そば10杯分、あるいは天丼2杯弱の書物は、現代だといくらぐらいの感覚だろう。こういう場合に注意しなければならないのは、ライフスタイルや価値観、金銭感覚は、時代とともにかわるということだ。たとえばそばや天丼にしても、現在は限りなくファストフードに近い店もあれば、懐石料理に倣ったコースを出す専門店のものまでさまざまだ。大卒初任給にしても、希望すれば（そして経済的事情が許せば）だれでも大学に入れる現代と、ごくごく一握りの人しかいけなかった昭和の初めとでは簡単に比較できない。それでも、極大雑把な感じでいうなら、円本1巻の1円は、現在の感覚では3000円から5000円ぐらいに相当するのではないかと思う。円本が売れたのは、必ずしも安いからではなかったのかもしれない。

創刊から1981年まで、岩波文庫の価格は数字によってではなく★によって表示されていた。1975年までは、★ひとつでいくらという表示、1979年から81年までは☆と★を組み合わせていた。約100ページで★ひとつ。創刊のころは★ひとつが20銭だった。200ページなら★ふたつで40銭、そば4杯分。300ページの本で★みっつ、天丼1杯分だ。現在の文庫の値ごろ感からすると高い。講談社文芸文庫やちくま学芸文庫ぐらいの感じだろうか。

現在、文庫一般の平均価格は654円である(2014年。出版科学研究所『出版指標年報』、以下同)。岩波文庫創刊のころに比べると、値ごろ感として半額以下になった。文庫の廉価である側面が強調され、参入する文庫も増え、出版社間の競争が激しくなる中、より安さを競った結果かもしれない。しかしこれは、出版社にとっても書店にとっても、文庫の販売では利益がなかなか上がらないことを意味する。

ただし、2004年、文庫一般の平均価格は607円だった。デフレ経済の中、書籍全般の平均価格は1217円から1142円へと下落する中、文庫の平均価格は上昇傾向にある。

ただろう。

イノベーションとしての岩波新書

岩波文庫の発刊から11年後の1938年、岩波書店は岩波新書をはじめる。ジャンルとしての「新書」、あるいは判型としての「新書判」が、その後、定着するとは岩波茂雄も思っていなかっただろう。

岩波新書の位置づけははっきりしている。「古典」の岩波文庫に対して、「現在」の岩波新書だ。のちに岩波書店は岩波現代文庫を発刊するわけだが、岩波文庫のなかに「現在」を入れる、つまりシリーズ内シリーズ、レーベル内レーベルとして扱うのではなく、あらたな形態を作り出し、「新書」という名称を与えたところが卓抜だ。逆に、「新書」の出現によって、古典重視の岩波文庫の性格が明確になった。岩波文庫が長く読み継がれるものを目指したのに対して、岩波新書では「いま」「現在」ということに力点が置かれた。

岩波新書は1938年から46年までの旧赤版、49年から77年4月までの青版、77年5月から87年12月までの黄版、そして88年以降の新赤版の4期に大別できる。それぞれ巻末にマニフェストがある。岩波文庫が発刊時のマニフェストをほとんどそのまま掲載しているのとは対照的だ。各マニフェストは、それぞれ1938年、1949年、1977年、1988年という時代を反映している。同じ新赤版でも、2006年4月からは、「岩波新書新赤版一〇〇〇点に際して」という新たなマニフェストに替えられている。

岩波新書が発刊された1938年は、日中戦争が始まった翌年である。日中戦争は勃発当時、日本側は支那事変と呼び、のちに大東亜戦争と呼ぶようになった。中国側からすると抗日戦争である。日米開戦までは3年あるが、すでに戦時色は濃くなっていた。日本のアジア諸国への侵略が本格化していく。

この年、どんなことがあったのか。

1月3日、女優の岡田嘉子が杉本良吉とともに樺太国境を越えてソ連に亡命する。

1月16日、近衛文麿首相は「国民政府を対手とせず」との第一次近衛声明を発する。なんて愚かな政府だろう、と呆れる。「対手とせず」なんて言ってしまったら、もう戦争を終わらせることはできないではないか。どちらかが滅びるまで続けなければならない。そして7年後、大日本帝国は滅亡した。敗北はこのときすでに始まっていた。

2月、大内兵衛、美濃部亮吉ら、労農派教授グループが検挙される。第二次人民戦線事件だ。いずれも岩波書店に近い学者たちだ。石川達三の南京従軍記、「生きてゐる兵隊」を掲載した『中央公論』が発禁処分を受ける。

4月、国家総動員法公布、5月施行。

9月、久米正雄や丹羽文雄、岸田國士、林芙美子らの従軍作家陸軍部隊が出発。つづいて菊池寛や佐藤春夫、吉屋信子らの従軍作家海軍部隊、西条八十らの従軍作家詩曲部隊も出発する。

10月、日本軍は広東を、そして武漢を占領。

11月、第二次近衛声明。東亜新秩序を建設宣言する。ドイツではユダヤ人の迫害が始まる。クリスタル・ナハト（水晶の夜）だ。

岩波新書が発刊されたのはこうした中だった。

岩波茂雄によるマニフェスト「岩波新書を刊行するに際して」からは、こうした時局へのギリギリの抵抗を秘めた緊迫感が伝わってくる。一歩間違えれば軍部の反発を招き、発禁やそれ以上の弾圧を受ける可能性もある。しかし帝国の暴走を食い止めたい。岩波茂雄の心中はどうだったのか。

マニフェストは次のように始まる。

〈天地の義を輔相《ほしょう》して人類に平和を与へ王道楽土を建設することは東洋精神の神髄にして、東亜民族の指導者を以て任ずる日本に課せられたる世界的義務である。日支事変の目標も亦茲《ここ》にあらねばならぬ。世界は白人の跳梁に委すべく神によつて造られたるものにあらざると共に、日本の行動も亦飽くまで公明正大、東洋道義の精神に則らざるべからず。東海の君子国は白人に道義の導きを誨《おし》ふべきで、断じて彼らが世界を蹂躙せし暴虐なる跡を学ぶべきでない〉

王道楽土の建設は東亜民族の指導者を以て任ずる日本に課せられたる世界的義務である、と一応は中国侵略の意図を肯定するポーズを見せながらも、「日支事変（支那事変）の目標も亦茲《ここ》にあらねばならぬ」と釘を刺す。言外に、現実の日支事変（支那事変）が「天地の義を輔相して人類に平和を与へ王道楽土を建設すること」から外れていると批判するも同然の書きぶりである。

同様に、「世界は白人の跳梁に委すべく神によつて造られたるものにあらざる」と述べて、アジア侵略の口実としていた欧米列強支配からの解放を肯定しつつ、「日本の行動も亦飽くまで公明正大、東洋道義の精神に則らざるべからず」と、暗に日本軍の非道ぶりを非難している。さらに「東海の君子国は白人に道義の導きを誨ふべきで、断じて彼らが世界を蹂躙せし暴虐なる跡を学ぶべきでない」とダメ出しをして。

ようするに日本軍のアジア侵略のタテマエを逆手に取り、現実を批判しているわけである。「あらねばならぬ」「則らざるべからず」「べきでない」といった語尾に、岩波茂雄の軍部に対する強い怒りを感じる。

マニフェストはさらに、「日本国民は果して此の大任を完うする用意ありや」「現下政党は健在なりや」「官僚は独善の傾きなきか」「武人に高邁《こうまい》なる卓見と一糸乱れざる統制ありや」とたたみかけ、「吾人は非常時に於ける挙国一致国民総動員の現状に少からぬ不安を抱く者である」と述べる。

明治維新五ヶ条の御誓文の理念を持ち出した上で「然るに現今の情勢は如何」と問いかける。

「批判的精神と良心的行動に乏しく、やゝともすれば世に阿《おもね》り権勢に媚びる風なきか。偏狭なる思想を以て進歩的なる忠誠の士を排し、国策の線に沿はざるとなして言論の統制に民意の暢達を妨ぐる嫌ひなきか」と言論統制、言論弾圧について真正面から批判している。前年の12月、この年の2月と続いた人民戦線事件へのストレートな批判だ。

〈(吾人は) 驕慢なる態度を以て徒らに欧米の文物を排撃して忠君愛国となす者の如き徒に与することは出来ない。近代文化の欧米に学ぶべきものは寸尺と雖も謙虚なる態度を以て之を学び、皇国の発展に資する心こそ大和魂の本質であり、日本精神の骨髄であると信ずる者である〉

だからこそ岩波文庫、岩波新書が必要だというのである。「現代人の現代的教養を目的として」「岩波文庫の古典的知識と相俟つて大国民としての教養に遺憾なきを期せんとするに外ならない」と宣言する。日付は「昭和十三年十月靖国神社大祭の日」。

赤版の第一弾はクリスティの『奉天三十年』と津田左右吉『支那思想と日本』など、「支那事変」を意識してか中国関連のもののほか、斎藤茂吉の『万葉秀歌』、武者小路実篤の『人生論』などと多様だ。また里見弴『荊棘の冠』や山本有三『瘤』、久保田万太郎『花泥・花冷え』、横光利一『薔薇』、川端康成『抒情歌』など文芸色の濃い作品が入っているのは、のちの岩波新書のイメージからするとやや意外だ。ジーンズ『神秘な宇宙』やサートン『科学史と新ヒューマニズム』が入っているのは「近代文化の欧米に学ぶべきものは寸尺と雖も謙虚なる態度を以て之を学び」という意思を具体的な書物として示すためだろうか。

岩波文庫の発刊の動機が粗製濫造された円本への怒りだったとすれば、岩波新書の発刊の動機には、アジア侵略に突き進む軍部や強まる言論統制、そしてそれにおもねり媚びるメディア界、知識人への怒りがある。その怒りが、簡素で廉価なペーパーバックによる良質な内容の書物の提供というイノベーションをもたらした。

岩波茂雄の怒り空しく戦争はひどくなっていく。アメリカとの戦闘が始まった1941年以降も、点数は少ないが刊行される。1943年には橘樸『中華民国三十年史』を、44年には荒川秀俊『戦争と気象』、メチニコフ『近代医学の建設者』を刊行。さすがに1945年は刊行がない。敗戦の翌年、1946年は6月に羽仁五郎『明治維新』、矢内原忠雄『日本精神と平和国家』を、10月には近藤宏二『青年と結核』を刊行。しかし、ここで赤版は途切れる。1947年と48年は刊行がない。

1949年、岩波新書は再出発する。表紙の色は赤から青に変わった。岩波茂雄はすでに1946年、他界している。巻末のマニフェスト「岩波新書の再出発に際して」は、編集部によるものだろう。

〈岩波新書百冊が刊行されたのは中日事変の始まった直後から太平洋戦争のたけなわな頃におよぶ、かの忘れえない不幸の時期においてであった。日々につのってゆく言論抑圧のもとにあって、偏狭にして神秘的な国粋思想の圧制に抵抗し、偽りなき現実認識、広い世界的観点、冷静なる科学的精神を大衆の間に普及し、その自主的態度の形成に資することこそ、この叢書の使命であった〉

岩波茂雄による赤版マニフェストの意図を忠実に読み取った文章である。

〈われわれは、かの不幸な時期ののちに、いまだかつてない崩潰を経験し、あらゆる面における荒廃のなかから、いまや新しい時代の夜明けを迎えて立ちあがりつつある〉とマニフェストは述べる。

まだ敗戦から4年に満たない時期である。「かつてない崩潰」も「あらゆる面における荒廃」も、けっして誇張ではない。

〈平和にして自立的な民主主義日本建設の道はまことにけわしい。現実の状況を恐るることなく直視し、確信と希望と勇気とをもってこれに処する自主的な態度の必要は、今日われわれにとって一層切実である〉と岩波新書が再スタートする意義を確認する。

マニフェストには「果たすべき課題」が箇条書きで列挙されている。

〈世界の民主的文化の伝統を継承し、科学的にしてかつ批判的な精神を鍛えあげること。封建的文化のくびきを投げすてるとともに、日本の進歩的文化遺産を蘇らせて国民的誇りを取りもどすこと。
在来の独善的装飾的教養を洗いおとし、民衆の生活と結びついた新鮮な文化を建設すること〉

一読してわかるのは、赤版発刊時におけるマニフェストとの文体の違いだ。ひらがなが多用され、言葉づかいも柔らかくなっている。「民主主義日本」「民主的文化」「民衆の」「自立的な」「自主的な」という言葉も目につく。最初のパラグラフ、あるいは赤版マニフェストの悲壮なまでの決意と関連づけて読むと、あの愚劣な侵略戦争を引き起こすにいたった原因が、日本に民主主義がなく、民衆の自主的で自立的な文化も政治もないことにあったと分析し、反省していることがわかる。

このマニフェスト「岩波新書の再出発に際して」は1970年まで使われ、70年3月からは新たなマニフェスト「岩波新書について」が巻末に載る。

1949年から1970年までの間に、サンフランシスコ講和条約が結ばれ、米軍の占領は終わった。ただし沖縄の占領は続いたし、北方領土もソ連との間で未解決のままである。1950年の朝鮮戦争、1960年の反安保運動、そして60年代末の世界的な若者の反乱と、けっして平穏無事な21年間ではなかった。それでも日本経済は成長を続け、１９６４年の東京オリンピックを機会に、新幹線や高速道路網の建設が進んだ。49年の青版マニフェストとは時代状況が明らかに変わった。

では、あらたなマニフェスト「岩波新書について」はどのように述べているのだろうか。

赤版発刊時における状況分析は「再出発に際して」とほとんど同じ趣旨である。青版での再スタートについて「岩波新書について」は次のように述べる。

〈当時なによりも必要であったのは、敗戦後の厳しい現実を臆することなく直視し、広い視野と冷静な認識とをもって、激動の時代に立ち向かう勇気であった。自主的な精神の確立は、民主主義の時代を迎えて一層欠くことのできない要件となった。「現代人の現代的教養」という創刊の標語も、この新たな現実の中で、さらに進んだ積極的意味をもつこととなった〉

〈いまや一九七〇年を迎え、戦後の歴史はふたたび大きく転回しようとしている。国際的にも国内的にも未曾有の変動を経て、今日私たちは、戦争直後とは全く一変した政治的・社会的現実に当面し、かつてない深い思想的混迷をも迎えている。知らねばならぬこと、考えねばならぬ問題は山積して、日日、私たちの前に立ちはだかっている〉

1970年、沖縄はまだアメリカの占領下にあった。自動車は道路の右側を走り、通貨はドルだった。アメリカはベトナム戦争の泥沼に入り込み、先が見えなくなっていた。経済的にも軍事的にも強大なアメリカが、アジアの小国のゲリラ的抵抗に遭い、にっちもさっちもいかなくなっていた。アメリカの若者の間では厭戦気分が蔓延し、反戦運動が活発化していた。それに呼応するように日本でもベトナムに平和を！市民連合など反戦運動が広がった。アメリカ軍は沖縄だけでなく、横須賀や砂川をはじめ日本国内の基地を足がかりにしてベトナムに侵入していった。平和憲法のもとで、日本人は間接的に手を汚していたのだ。「かつてない深い思想的混迷をも迎えている」という表現はけっしてオーバーなものではない。その一方で1970年は「人類の進歩と調和」をテーマにした大阪万博が開かれた。

1977年、青版から黄版に変わる。なお、岩波新書の場合、デザイン（といっても表紙の色だけだが）の変更があっても、旧版はそのままである。ほかの出版社の新書が、既刊のもののデザインも順次変えていくのとは対照的だ。

黄版に変えた大きな理由は、青版が1000点に達したからであるが、時代の変化という認識もあっただろう。70年から77年の間に、沖縄の本土復帰があり（にもかかわらず、在日米軍基地の多くが沖縄に集中するという矛盾は置き去りにされた。沖縄問題は岩波新書の主要テーマのひとつである）、ベトナム戦争の終結があった。反安保やベトナム反戦を契機とする学生の反乱は、新左翼諸セクトの暴力化と内ゲバに至り、連合赤軍による浅間山荘事件をピークに急速に衰退していく。

一方、一般市民の生活も必ずしも安定せず、インフレやオイルショック、モータリーゼーションや公害問題など数多くの問題をかかえていた。一方でロッキード疑獄事件をはじめとする政治不信も広がっていった。

黄版の巻末に書かれた「岩波新書新版の発足に際して」は、青版と同様、第1パラグラフで赤版発刊の意義を振り返る。第2パラグラフでは敗戦、そして青版発刊の意義を振り返る。つづく第3パラグラフが黄版発刊についてである。

〈戦後はすでに終焉を見た。一九七〇年代も半ばを経過し、われわれを囲繞する現実社会は混迷を深め、内外にかつて見ない激しい変動が相ついでいる。科学・技術の発展は、文明の意味を根本的に問い直すことを要請し、近代を形成してきた諸〻の概念は新たな検討を迫られ、世界的規模を以て、時代転換の胎動は各方面に顕在化している。しかも、今日にみる価値観は、余りに多層的であり、多元的であるが故に、人類が長い歴史を通じて追究してきた共通の目標をすら見失わせようとしている〉

第5パラグラフでは、黄版での決意が語られる。

〈赤版・青版の時代を通じて、この叢書を貫いてきたものは、批判的精神の持続であり、人間性に第一義をおく視座の設定であった。いま、新版の発足に当り、今日の状況下にあってわれわれはその自覚を深め、人間の基本的権利の伸張、社会的平等と正義の実現、平和的社会の建設、国際的視野に立つ豊かな文化創造等、現代の人間が直面する諸課題に関わり、広く時代の要請に応えることを期する。読者諸賢の御支持を願ってやまない〉

一見してわかるのは、ふたつの青版のマニフェストと比べて、漢字が増えたことである。文体は硬くなり、やや文語調の表現も多くなった。それがマニフェスト執筆者の好みなのか、それとも1977年という時代と、岩波新書に求められるものを自覚してのものなのかはよくわからないが。

黄版の第一弾は5月20日刊行の10点だった。中村雄二郎『哲学の現在』や宇沢弘文の『近代経済学の再検討』、都留重人編『世界の公害地図』、加藤周一・M．ライシュ、R．J．リフトンの『日本人の死生観』などが入っている。翌6月の第二弾では福田歓一『近代民主主義とその展望』、大岡信『詩への架橋』、大塚久雄『社会科学における人間』など全5点が刊行された。

黄版は1987年12月まで刊行される。刊行期間としては10年あまりと短かったが、多様なジャンルの、しかもクオリティの高い本が多い。緊張感のあるマニフェスト通りといえる。

1988年1月からは、黄版に替わって新赤版が刊行される。岩波新書創刊50年を記念して、装いを一新したのだ。おなじ「赤」でも、旧赤版のくすんだ赤ではなく、鮮やかな赤となる。

いま振り返ると、１９８８年というのは世界史的に見ても重要なタイミングだった。ソ連ではゴルバチョフによるペレストロイカが進められ、ポーランドを始め東欧の社会主義国では民主化を求める大衆と政府との軋轢が激化していた。やがてベルリンの壁が89年に倒されたのをきっかけに、ソ連の崩壊、共産圏の崩壊がはじまる。永久に続くかと思われた冷戦構造が終わった。

しかしこれによって、マルクス主義の影響を受けた諸学問、とりわけ社会科学では大きな地殻変動が起きる。そしてそれは出版の世界にも大きな影響を与えることとなる。

新たなマニフェストは「岩波新書創刊五十年、新版の発足に際して」となっている。この文章は、たんに新赤版のスタートについて記しているだけでなく、岩波新書50年の歴史をコンパクトにまとめている。これまでの青版、黄版のマニフェストと内容的には重複するところが多いが、文章としてはいちばん読みやすくわかりやすい。いささか長くなるが、全文をここに引用する。

〈岩波新書は、一九三八年一一月に創刊された。その前年、日本軍部は日中戦争の全面化を強行し、国際社会の指弾を招いた。しかし、アジアに覇を求めた日本は、言論思想の統制をきびしくし、世界大戦への道を歩み始めていた。出版を通して学術と社会に貢献・尽力することを終始希いつづけた岩波書店創業者は、この時流に抗して、岩波新書を創刊した。

創刊の辞は、道義の精神に則らない日本の行動を深憂し、権勢に媚び偏狭に傾く風潮と他を排撃する驕慢な思想を戒め、批判的精神と良心的行動に拠る文化日本の躍進を求めての出発であると謳っている。このような創刊の意は、戦時下においても時勢に迎合しない豊かな文化的教養の書を刊行し続けることによって、多数の読者に迎えられた。戦争は惨澹たる内外の犠牲を伴って終わり、戦時下に一時休刊の止むなきにいたった岩波新書も、一九四九年、装を赤版から青版に転じて、刊行を開始した。新しい社会を形成する気運の中で、自立的精神の糧を提供することを願っての再出発であった。赤版は一〇一点、青版は一千点の刊行を数えた。

一九七七年、岩波新書は、青版から黄版へ再び装を改めた。右の成果の上に、より一層の課題をこの叢書に課し、閉塞を排し、時代の精神を拓こうとする人々の要請に応えたいとする新たな意欲によるものであった。即ち、時代の様相は戦争直後とは全く一変し、国際的にも国内的にも大きな発展を遂げながらも、同時に混迷の度を深めて転換の時代を迎えたことを伝え、科学技術の発展と価値観の多元化は文明の意味が根本的に問い直される状況にあることを示していた。

その根源的な問は、今日に及んで、いっそう深刻である。圧倒的な人々の希いと真摯な努力にもかかわらず、地球社会は核時代の恐怖から解放されず、各地に戦火は止まず、飢えと貧窮は放置され、差別は克服されず人権侵害はつづけられている。科学技術の発展は新しい大きな可能性を生み、一方では、人間の良心の動揺につながろうとする側面を持っている。溢れる情報によって、かえって人々の現実認識は混乱に陥り、ユートピアを喪いはじめている。わが国にあっては、いまなおアジア民衆の信を得ないばかりか、近年にいたって再び独善偏狭に傾く惧れのあることを否定できない。

豊かにして勁い人間性に基づく文化の創出こそは、岩波新書が、その歩んできた同時代の現実にあって一貫して希い、目標としてきたところである。今日、その希いは最も切実である。岩波新書が創刊五十年・刊行点数一千五百点という画期を迎えて、三たび装を改めたのは、この切実な希いと、新世紀につながる時代に対応したいとするわれわれの自覚とによるものである。未来をになう若い世代の人々、現代社会に生きる男性・女性の読者、また創刊五十年の歴史を共に歩んできた経験豊かな年齢層の人々に、この叢書が一層の広がりをもって迎えられることを願って、初心に復し、飛躍を求めたいと思う。読者の皆様の御支持をねがってやまない〉

これまでの岩波新書の意義について、赤版、青版、黄版、それぞれの時代との関係において簡潔に振り返っていると同時に、1988年という時点における社会状況についての批判的な把握を明らかにしている。とりわけ「地球社会は核時代の恐怖から解放されず、各地に戦火は止まず、飢えと貧窮は放置され、差別は克服されず人権侵害はつづけられている」という地球規模での状況把握、「溢れる情報によって、かえって人々の現実認識は混乱に陥り、ユートピアを喪いはじめている」というインターネット社会を先取りするかのような認識、そして「わが国にあっては、いまなおアジア民衆の信を得ないばかりか、近年にいたって再び独善偏狭に傾く惧れのあることを否定できない」という文章などは、まるで第二次安倍政権発足以降の近隣諸国との軋轢やネトウヨの跋扈などを予想していたかのようではないか。いや、そうではない、2010年代に起きていることは、実は1980年代から地続きになっているのだ。

新赤版の第一弾は1988年1月20日に刊行された。大江健三郎『新しい文学のために』、金田一春彦『日本語(新版)上』、渓内謙『現代社会主義を考える』、廣松渉『新哲学入門』、佐藤文隆『宇宙論への招待』、大山康晴『昭和将棋史』、別役実『当世・商売往来』、中嶋貞雄『超伝導』の8点だった。2週間ほど遅れて、『岩波新書の50年』が別冊として出る。

この「岩波新書創刊五十年、新版の発足に際して」というマニフェストは2006年3月まで使われ、同年4月からは「岩波新書新赤版一〇〇〇点に際して」という文章になる。現在もこの文章が巻末にある。

「ひとつの時代が終わったと言われて久しい」と始まるこのマニフェストは、これまでの旧赤版・青版・黄版、そして1000点までの新赤版のそれとは文体も雰囲気も異なる。これまでは創刊時の岩波茂雄の思いにはじまり、各版での意義とそれぞれの時代背景について振り返ったうえで、新たな版で何をやろうとしているのかを宣言していた。それが「岩波新書新赤版一〇〇〇点に際して」では、まず2006年における現状分析から始まる。

「二〇世紀から持ち越した課題の多くは、未だ解決の緒を見つけることのできないままであり、二一世紀が新たに招きよせた問題も少なくない。グローバル資本主義の浸透、憎悪の連鎖、暴力の応酬――世界は混沌として深い不安の只中にある」とマニフェストは書く。

「現代社会においては変化が常態となり、速さと新しさに絶対的な価値が与えられた」というのは、インターネット時代の、あるいは高度に情報化した資本主義社会についての適切な評価だ。「速さと新しさ」は時代のキーワードであり、それこそ「新書」というスタイルが持っている特徴でもある。第三次、あるいは第四次の新書ブームといわれるのも頷けるところだ。

〈消費社会の深化と情報技術の革命は、種々の境界を無くし、人々の生活やコミュニケーションの様式を根底から変容させてきた。ライフスタイルは多様化し、一面では個人の生き方をそれぞれが選びとる時代が始まっている。同時に、新たな格差が生まれ、様々な次元での亀裂や分断が深まっている。社会や歴史に対する意識が揺らぎ、普遍的な理念に対する根本的な懐疑や、現実を変えることへの無力感がひそかに根を張りつつある。そして生きることに誰もが困難を覚える時代が到来している〉

このような時代にもかかわらず、いやこのような時代だから、岩波新書の意義と果たすべき役割は大きいのだ、とマニフェストはいう。

〈いま求められていること――それは、個と個の間で開かれた対話を積み重ねながら、人間らしく生きることの条件について一人ひとりが粘り強く思考することではないか。その営みの糧となるものが、教養に外ならないと私たちは考える〉

〈まさにそのような教養への道案内こそ、岩波新書が創刊以来、追求してきたことである〉

「いままた新赤版が一〇〇〇点を迎えたのを機に、人間の理性と良心への信頼を再確認し、それに裏打ちされた文化を培っていく決意を込めて、新しい装丁のもとに再出発したいと思う」と宣言する。

「新しい装丁」といっても、ぱっと見にはわからないかもしれない。タイトルが横書きから縦書きになり、表紙にあった魔法のランプは裏表紙に移動。風を吹くギリシアの風神の横顔が表紙右上に置かれた。

戦後、新書は何度も創刊ブームがあり、短期間で消えていくものも多かった。なかでも1954年から2005年まで、半世紀あまりつづいた光文社のカッパ・ブックスは、岩波新書よりも、より大衆的でわかりやすいものを出し、ベストセラーを連発した。

書店では「新書御三家」とか「新御三家」などといわれることがある。「新書御三家」とは岩波新書、中公新書、講談社現代新書。「新御三家」は文春新書、ちくま新書、そして3つめに新潮新書、光文社新書、集英社新書のいずれかを入れることが多い。

1962年、中公新書が中央公論社（現在は中央公論新社）から発刊される。

「中公新書刊行のことば」は次のようにいう。

〈いまからちょうど五世紀まえ、グーテンベルクが近代印刷術を発明したとき、書物の大量生産は潜在的可能性を獲得し、いまからちょうど一世紀まえ、世界のおもな文明国で義務教育制度が採用されたとき、書物の大量需要の潜在性が形成された。この二つの潜在性がはげしく現実化したのが現代である。

いまや、書物によって視野を拡大し、変りゆく世界に豊かに対応しようとする強い要求を私たちは抑えることができない。この要求にこたえる義務を、今日の書物は背負っている。だが、その義務は、たんに専門的知識の通俗化をはかることによって果たされるものでもなく、通俗的好奇心にうったえて、いたずらに発行部数の巨大さを誇ることによって果たされるものでもない。現代を真摯に生きようとする読者に、真に知るに価いする知識だけを選びだして提供すること、これが中公新書の最大の目標である。

私たちは、知識として錯覚しているものによってしばしば動かされ、裏切られる。私たちは、作為によってあたえられた知識のうえに生きることがあまりに多く、ゆるぎない事実を通して思索することがあまりにすくない。中公新書が、その一貫した特色として自らに課すものは、この事実のみの持つ無条件の説得力を発揮させることである。現代にあらたな意味を投げかけるべく待機している過去の歴史的事実もまた、中公新書によって数多く発掘されるであろう。中公新書は、現代を自らの眼で見つめようとする、逞しい知的な読者の活力となることを欲している〉

この文章の、「たんに専門的知識の通俗化をはかることによって果たされるものでもなく」は岩波新書を、「通俗的好奇心にうったえて、いたずらに発行部数の巨大さを誇ることによって果たされるものでもない」の部分はカッパ・ブックスを揶揄しているという人もいるし、またどちらもカッパ・ブックスへの批判だという人もいるが、どうだろう。ただ、中公新書が現代にいたるまで一貫して、いわゆる固い、アカデミックな内容のものを作り続けているのはたしかであり、それは岩波新書がときには軽いエッセイのたぐいも刊行するのとは対照的である。

1964年、講談社現代新書が創刊される。

「『講談社現代新書』の刊行にあたって」は、当時の社長、野間省一の名で発表されている。

〈教養は万人が身をもって養い創造すべきものであって、一部の専門家の占有物として、ただ一方的に人々の手もとに配布され伝達されうるものではありません。

しかし、不幸にしてわが国の現状では、教養の重要な養いとなるべき書物は、ほとんど講壇からの天下りや単なる解説に終始し、知識技術を真剣に希求する青少年・学生・一般民衆の根本的な疑問や興味は、けっして十分に答えられ、解きほぐされ、手引きされることがありません。万人の内奥から発した真正の教養への芽ばえが、こうして放置され、むなしく滅びさる運命にゆだねられているのです。

このことは、中・高校だけで教育をおわる人々の成長をはばんでいるだけでなく、大学に進んだり、インテリと目されたりする人々の精神力の健康さえもむしばみ、わが国の文化の実質をまことに脆弱なものにしています。単なる博識以上の根強い思索力・判断力、および確かな技術にささえられた教養を必要とする日本の将来にとって、これは真剣に憂慮されなければならない事態であるといわなければなりません。

わたしたちの「講談社現代新書」は、この事態の克服を意図して計画されたものです。これによってわたしたちは、講壇からの天下りでもなく、単なる解説書でもない、もっぱら万人の魂に生ずる初発的かつ根本的な問題をとらえ、掘り起こし、手引きし、しかも最新の知識への展望を万人に確立させる書物を、新しく世の中に送り出したいと念願しています。

わたしたちは、創業以来民衆を対象とする啓蒙の仕事に専心してきた講談社にとって、これこそもっともふさわしい課題であり、伝統ある出版社としての義務でもあると考えているのです〉

「講壇からの天下りや単なる解説に終始し」というのは、もしかすると岩波新書、そして中公新書について揶揄しているのかもしれない。だとしたら、カッパ・ブックスへの批判がないのは、光文社が講談社の子会社だからか。

いずれにしても、のちに岩波新書とともに御三家と呼ばれるようになった中公新書も講談社現代新書も、ともに現代人にとっての現代的な教養の提供と啓蒙を方針としていることは変わらない。ただ、中公新書、講談社現代新書と比較してみると、岩波新書の時々のマニフェストは、時代に対する強い危機感と、やむにやまれぬ使命感が伝わってきて、異様な迫力を感じる。

現在も書店の棚はおおむね、「御三家」を軸に形成されている。つまり大規模店では全レーベルが並ぶが、中規模店では岩波新書、中公新書、講談社現代新書の棚があり、さらに文春新書やちくま新書、新潮新書、光文社新書、集英社新書などが並ぶ。そのほかのレーベルについては、新刊だけが平台に置かれることが多い。

文庫も同じだが、こんなにもレーベルが乱立し、すでに飽和状態と思われるのに、なぜ各社は文庫・新書を刊行しつづけるのか。そこには、出版流通の事情がある。

「御三家」のある編集者によると、「新書の7割は棚で売る」という。つまり平台に積まれる新刊は3割で、あとの7割は棚の既刊本が売れる。つまり新書はロングセラーの宝庫なのだ。

岩波書店など一部の出版社を除いて、多くの出版社では「返品可能」という条件で書店に本を卸す。いわゆる「委託配本」だが、一般的な「委託」が、販売後の精算時に小売店がメーカーや問屋に仕入れ代金を支払うのに対して、出版界の「委託」では、書店が入荷時に代金を支払い、のちに返品時に相殺するという方式をとる。だから実際には「委託」というよりも、「返品条件つき売買」「返品条件つき卸」といったほうが正確だろう。

書籍の新刊発行点数は2010年ごろまでほぼ一貫して増え続けた。なかでも80年代以降は急激に増えた。しかし需要は拡大しない。むしろ90年代後半からは縮小を続けている。書店では売れない書籍を見切る期間を縮めることで対応した。以前、筆者が取材した大型書店では、1タイトルの本が書店店頭に並んでいる時間は平均して1週間だという。これはベストセラー、ロングセラーのように売れる先から次々と仕入れられて、結果的に何週間も並んでいるタイトルもあれば、店頭に1日出されただけで見切りをつけられ返品されてしまう本も含まれる。90年代後半以降、金額ベースでの平均返品率は40パーセント近くで高止まりしている。これはベストセラー、ロングセラーのように返品率の低い書籍も含めての平均であるから、個々の書籍をピンポイントで見るとかなり返品率が高いものも多いと思われる。

それからすると、文庫や新書のように、発売日が毎月（あるいは隔月で）決まっている書籍は、次の月の新刊が配本されるまでは、とりあえず返品されずに店頭に残る可能性が高い。実際、私が話を聞いた複数の書店員は、「新書はどれがヒットするかわからないので、とりあえずは次の新刊と入れ替えるまで並べておく」といっていた。

また単行本に比べると、1冊に必要な原稿の量も少なくてすむ。著名な著者に数時間のインタビューを行って、ライターがそれをまとめて1冊にする、といったいささか安直な方法がとられることもある。出版不況が進めば進むほど新規参入する新書が増えたり、新レーベルがつくられたりしてきた背景には、こうした作り手の事情もある。


大急ぎで岩波少年文庫と岩波ジュニア新書についても触れておきたい。

岩波少年文庫は1950年に発刊された、小・中学生向けのシリーズである。「文庫」とはなっているが、判型は文庫本とは違い、高さが173ミリで新書と同じ、幅は120ミリで新書より15ミリ長い。

発刊から2000年までは、吉野源三郎による「岩波少年文庫発刊に際して」が巻末にあった。


〈一物も残さず焼きはらわれた街に、草が萌え出し、いためつけられた街路樹からも、若々しい枝が空に向かって伸びていった。戦後、いたるところに見た草木の、あのめざましい姿は、私たちに、いま何を大切にし、何に期待すべきかを教える。未曾有の崩壊を経て、まだ立ちなおらない今日の日本に、少年期を過ごしつつある人々こそ、私たちの社会にとって、正にあのみずみずしい草の葉であり、若々しい枝なのである。

この文庫は、日本のこの新しい萌芽に対する深い期待から生まれた。この萌芽に明るい陽光をさし入れ、豊かな水分を培うことが、この文庫の目的である。幸いに世界文学の宝庫には、少年たちへの温い愛情をモティーフとして生まれ、歳月を経てその価値を減ぜず、国境を越えて人に訴える、すぐれた作品が数多く収められ、また名だたる巨匠の作品で、少年たちにも理解し得る一面を備えたものも、けっして乏しくはない。私たちは、この宝庫をさぐって、かかる名作を逐次、美しい日本語に移して、彼らに贈りたいと思う。

もとより海外児童文学の名作の、わが国における紹介は、グリム、アンデルセンの作品をはじめとして、すでにおびただしい数にのぼっている。しかも、少数の例外的な出版者、翻訳者の良心的な試みを除けば、およそ出版部門のなかで、この部門ほど杜撰な翻訳が看過され、ほしいままの改刪が横行している部門はない。私たちがこの文庫の発足を決心したのも、一つには、多年にわたるこの弊害を除き、名作にふさわしい定訳を、日本に作ることの必要を痛感したからである。翻訳は、あくまで原作の真の姿を伝えることを期すると共に、訳文は平明、どこまでも少年諸君に親しみ深いものとするつもりである。

この試みが成功するためには、粗悪な読書の害が、粗悪な間食の害に劣らないことを知る、世の心ある両親と真摯な教育者との、広範な御指示を得なければならない。私たちは、その要望にそうため、内容にも装釘にもできる限りの努力を注ぐと共に、価格も事情の許す限り低廉にしてゆく方針である。私たちの努力が、多少とも所期の成果をあげ、この文庫が都市はもち

ろん、農村の隅々にまで普及する日が来るならば、それは、ただ私たちだけの喜びではないであろう〉

これは岩波少年文庫の対象読者としている小中学生に向けて書かれたものではないだろう。文中、「彼らに」とあることから、子どもたちを見守る大人に向けて書かれたマニフェストだ。

２０００年からは「岩波少年文庫創刊五十年――新版の発足に際して」が巻末にある。そこでは「岩波少年文庫は、今を去る五十年前、敗戦の廃墟からたちあがろうとする子どもたちに海外の児童文学の名作を原作の香り豊かな平明正確な翻訳として提供する目的で創刊された」とある。

発刊から50年で新版に変えたのは、「時は移り、日本の子どもたちをとりまく環境は激変した。自然は荒廃し、物質的な豊かさを追い求めた経済の成長は子どもの精神世界を分断し、学校も家庭も変貌を余儀なくされた。いまや教育の無力さえ声高に叫ばれる風潮であり、多様な新しいメディアの出現も、かえって子どもたちを読書の楽しみから遠ざける要素となっている。

しかし、そのような時代であるからこそ、歳月を経てなおその価値を減ぜず、国境を越えて人びとの生きる糧となってきた書物に若い世代がふれることは、彼らが広い視野を獲得し、新しい時代を拓いてゆくために必須の条件であろう」という認識による。

こちらのマニフェストも「子どもたち」「若い世代」「彼らが」とあるように、小・中学生ではなく大人に向けて書かれた文章である。

それに対して1979年に発刊された岩波ジュニア新書のマニフェストは、読者に直接訴え掛ける文章となっている。「岩波ジュニア新書の発足に際して」は次のようにいう。

〈きみたち若い世代は人生の出発点に立っています。きみたちの未来は大きな可能性に満ち、陽春の日のようにひかり輝いています。勉学に体力づくりに、明るくはつらつとした日々を送っていることでしょう〉と語りかける。

だが、これで終わらず、現代の社会状況と、この新書のミッションを宣言するところが、やはり岩波書店流というべきか。

〈しかしながら、現代の社会は、また、さまざまな矛盾をはらんでいます。営々とした人類の歴史のなかで、幾千億の先達《せんだつ》たちの英知と努力によって、未知が究明され、人類の進歩がもたらされ、大きく文化として蓄積されてきました。にもかかわらず現代は、核戦争による人類絶滅の危機、貧富の差をはじめとするさまざまな人間的不平等、社会と科学の発展が一方においてもたらした環境の破壊、エネルギーや食糧問題の不安等々、来るべき二十一世紀を前にして、解決を迫られているたくさんの大きな課題がひしめいています。現実の世界はきわめて厳しく、

人類の平和と発展のためには、きみたちの新しい英知と真摯《しんし》な努力が切実に必要とされています〉

ジュニア新書は若い世代向けのシリーズではあるけれども、高度な内容をわかりやすく書いたものが多く、むしろ大人に精読を勧めたいほどである。

岩波少年文庫のような小・中学生向けの文庫としては、フォア文庫（岩崎書店、金の星社、童心社、理論社の4社による協力出版、1979年〜）青い鳥文庫（講談社、1980年〜）、ポプラポケット文庫（ポプラ社、2005年〜）などがあるが、岩波ジュニア新書のライバルは筑摩書房のちくまプリマー新書（2005年〜）ぐらいしかないのがさびしいところだ。

イノベーションとしての『広辞苑』

2015年、『広辞苑』は第一版の発売から60周年を迎えた。書店店頭には、還暦を記念して赤いジャケットの特装版も並んだ。

随筆を「『広辞苑』によると」とはじめるのは定番のひとつだ。それだけに、読者は「またか」と感じることも少なくない。それくらい『広辞苑』は一般の人にも身近なものになった。日本語辞典の代名詞といってもいい。分からない言葉があったら、まずは『広辞苑』を引くという人も多いだろう。

なぜ『広辞苑』はこのような地位を確立できたのだろうか。

いうまでもなく、日本語辞典・国語辞典は岩波書店が発明したものではない。大槻文彦の『言海』をはじめ、すでにいくつもの辞書があった。また、編者・新村出による第一版「自序」を読んでもわかるように、『広辞苑』のルーツは博文館から刊行されていた『辞苑』にある。

新村出は『広辞苑』第一版の「自序」で次のように述べている。

〈もしそれ、物の順序からすると、大辞書が先きに出来あがってから、その後に、それらの成果を収拾し抜萃し、簡易に平明に、短縮して編集してこそ、より完全な中小辞典、簡短（ショーター）とか、要略（コンサイス）とかの文字を冠らせた中型小型の辞書が作られるわけであるが、私一個の場合、その逆のコースを進んで来たので、殊に現今わが国語界の標準規律は未だ緒につかず、新語の粗製濫造のはげしい時代には、程よき中辞典の達成は、省みるに早計であったかも知れない〉

国語辞典は、大型、中型、小型に分類することができ、大型のものでは小学館『日本国語大辞典』がよく知られている。一般的によく使われるのは小型辞典で、三省堂の『新明解国語辞典』や大修館書店の『明鏡』など、たくさんの辞書が出版されていて競争が激しい。岩波書店からも『岩波国語辞典』、通称「いわこく」が出ている。

中辞典は『広辞苑』のほか、小学館の『大辞泉』や三省堂の『大辞林』がある。

『広辞苑』が成功したのは、小さな百科事典をかねた中型の国語辞典という特徴と1955年という時代がうまくマッチしたからだろう。1950年代、60年代は、大手・中堅出版社が競って文学全集や百科事典を刊行し、読者に歓迎された。背景には、敗戦によって人びとの知的欲求が高まっていたことや、文学全集や百科事典が中流家庭のひとつの象徴、あるいは記号となっていたことがある。「三種の神器」と呼ばれた、洗濯機、テレビ、冷蔵庫を買いそろえた人びとにとって、ソファや低いテーブルからなる「応接セット」や、「ステレオ」と呼ばれた家具調のオーディオ機器とともに、本棚に並んだ文学全集や百科事典は、豊かで上質な生活や「教養」をわかりやすく提示するものだった。

それは空襲や疎開で蔵書を失った人の知的飢餓感もあっただろうし、敗戦による家族制度の変化や核家族化の進行などによって親から独立して新たに家庭を構える人びとが増えたということもあっただろう。

もっとも、「三種の神器」はともかく、応接セットやステレオ、文学全集、大型百科事典が、十分に活用されたかどうかは怪しい。いま古書店ではあのころ刊行された文学全集が二束三文の値段で売られているが、中を点検すると、読んだ形跡どころか、函から出したこともないような本がよくある。読むためというよりも、本棚に並べておいて、自分が知的階層に所属することを来客に誇示したり、自分自身で眺めて再確認するための装置として購入されていたのだろう。その意味では、家具というよりもむしろ、額に入れて飾られた複製画のようなものだったのかもしれない。

十数巻、ときには20巻以上にも及ぶような大型百科事典と比べると、『広辞苑』ははるかに使いやすかった。辞書を引いていると、ひとつの事項を読んでいて、ほかの事項が気になって引き、さらにまたその事項の説明文から別の事項が気になって、というふうに芋づる式に、あるいは石蹴り遊びのように、ページをめくっていくことがよくあるが、複数巻の辞書はそのたびに本棚から本を出し入れしなければならない。辞書は大きく厚く重く、しかも函に入っていることが多いから、けっこうな運動になる。それに対して、『広辞苑』は1巻で完結している。

変化の激しい時代でもあった。戦前の文化と戦後の文化が混在し、ベビーブーマーたちが「子ども」から「若者」へと育っていった。テレビ放送が始まり、出版社系週刊誌が誕生し、漫画誌も相次いで創刊されていった。外来語や流行語など、新しい言葉が次々と生れ、古い言葉は忘れられていった。若者は進学や就職で親元を離れて都会に住み、なかには言葉の違いに戸惑う人もあっただろう。『広辞苑』はどんな言葉も載っていそうで、また、言葉の正しい意味や使い方も載っていそうで、頼りがいのあるものだと感じた人もあっただろう。

新村出は「自序」で次のように述べている。

〈抱負と実行、理想と現実、その間、自分の未熟か老境かよりして、事志と違った趣きがあることを自省してやまないが、とにかく、簡明にして平易、広汎にして周到、雅語漢語、古語新語、慣用語と新造語、日用語と専門語、旧外来語と新外来語、新聞語と流行語、みなつとめて博載を期した。発音の正確と語法の説明には意を注ぎて、規範を示さんと欲したけれども、現在の規範こんとんとして未だ定まらぬ不便を嘆かねばならなかった〉

辞書は、道路地図（カーナビ）と並んで、電子書籍がもっとも成功した分野である。『広辞苑』の電子書籍への取り組みは早く、まず１９８７年にＣＤ－ＲＯＭ版を出している。92年には電子辞書への搭載が始まり、２００１年からは携帯電話での利用も可能になった。

電子辞書は家庭でも学校でもあっというまに普及が広がり、大学の授業に紙の辞書を持ってくる学生はめったに見かけなくなった。１台の電子辞書に複数の辞書ソフトを搭載したものが主流で、なかには20種類以上のソフトを搭載したもの、ネイティブの発音音声を確認できるものなどもある。同じジャンルの辞書を複数搭載し、同時に複数の辞書の解説を見比べられるものもある。機能が高度化するのに対して、機器は軽く薄く、携帯に便利なものになっていった。

電子辞書の普及は、書店の辞書・学習参考書売場を変えた。また、教員や親の意識も、「辞書は紙であるべきだ」というものから「紙も電子も、両方使える方がいい」といったものに変わり、さらには「辞書は電子であってかまわない」となっていった。

電子辞書の普及で、出版社の辞書づくりも変わった。紙版が売れるかどうかに加えて、電子辞書に搭載されるかどうかが重要になった。電子辞書に紙版ほどの多様性はなく、電子辞書に搭載される辞書はわずかな種類のものに寡占化される。どうしても紙版のシェア率が高いものが有利で、上位のせいぜいトップ3ぐらいまでしか搭載されない。個性的でマイナーな辞書は存続が難しくなる。電子辞書に搭載されるかどうか、その電子辞書が売れるかどうかが、元版である紙の辞書の命運をも左右するようになったのである。

また、紙の辞書の場合は、出版社が自ら価格設定するので原価率や利益を出版社がコントロールできるわけだが、電子辞書では家電メーカーから支払われるロイヤリティだけが収入となる。あるベテランの辞書編集者は「電子辞書の普及で、辞書づくりの環境は悪くなった」と話す。ロイヤリティだけでは辞書の改訂にかかる費用を十分にまかなえるとはいえないし、ましてや新しい辞書を立ち上げようにも、その辞書が電子辞書に採用されるかどうかは、できあがってみないとわからない。また、いちど採用されても、いつ他の辞書に切り替えられるか予測がつかない。しかも、人口減少、とりわけ少子化は辞書ビジネスの世界にも深刻な影響を与えている。今後、新たな辞書がつくられることは、まずないのではないか、と先述の編集者は言う。

スマートフォンの登場と普及は、電子辞書にも大きな影響を与えた。専用機からアプリへという変化が生まれたのだ。その結果、家電メーカーも電子辞書から次々と撤退していった。

アプリ版も含め、電子辞書では、紙の辞書のような大型・中型・小型という区別は、あまり意味がない。コンテンツのデータ量が増えたからといって、物理的な大きさや重さには関係がないからだ。紙版と電子辞書販売価格の考え方は出版社によって異なる。たとえば小学館の『大辞泉　第二版』の紙版は、DVD−ROMがついて本体価格15000円であるが、アプリ版は2000円である。『広辞苑　第六版』は紙版が本体価格8000円、アプリ版8800円と、むしろアプリ版のほうが高い設定となっている。価格を抑えてユーザーを拡大し、写真や音声などオプションのコンテンツを別に課金することで収入を増やすか、それとも紙も電子も同じものと考えるか、価格のつけかたひとつとっても、出版社によって違う。どういったかたちがデファクト・スタンダードになるかは、もう少し状況の変化を見届けないと判断できない。

イノベーションとしての注文買切制

岩波書店が採用している注文買切制についてイノベーションと捉えることは奇妙にきこえるだろうか？　たしかに注文買切制は、イノベーションどころか、古くさい時代おくれの取引条件だと考える人も多いだろう。

中小の書店のなかには、岩波書店の本を仕入れたがらないところもある。注文買切制のため、売れ残った本を返品ができないからである。

東京都内のある中規模書店を取材したとき、バックヤードの棚を見てあぜんとしたことがある。そこには日に焼けて色のあせた岩波文庫が大量に保管されていたからだ。店頭に出しても売れる見込みはないだろう。同じ値段なら、他の書店でもっと状態のいいものを買おうと思う客が多いだろう。事実、そう考えるからその書店では店頭から下げたのだ。しかし出版社に返品はできない。最終的な処分方法は決めないまま、とりあえずバックヤードの棚に置いておいたのだろう。やがてそれがどんどん増えていった。バックヤードの棚に保管されても、日に焼けたその本は財務上、在庫として計上されている。やがては貨幣と交換されるべき商品として。しかし現実には色あせた岩波文庫が売れる可能性は少ない。商品として価値のないものが帳簿上は価値あるものとなっていることは、経営面から見るとあまり賢いやり方とはいえない。

しかし岩波書店のやりかたが、一部の書店経営者がいうように、ひどく横暴で、不当なものとはいえないだろう。そもそも岩波書店に限らず、書籍は買切が基本だった。

新刊は返品条件付きで取次が見計らい配本（書店からの注文に応じてではなく、取次が見計らいで配本する。取次は書店の規模や立地条件、過去の実績などで配本数を決める）する出版社が多い。新刊委託配本である。もともとは書店への見本、サンプルという意味があったのだろう。なにしろ日本の出版流通では、出版社による書店への情報提供が未発達で、刊行ギリギリまで「誰が書いたどんな本がいくらぐらいの値段で何月何日に出版される」という情報が発信されない。書店にとっては、取次から現物が届いてはじめてその本が出たことを知るようなもの。現物が最高の情報だ。書店は現物を見て、「これはたくさん売れそうだから100冊追加発注しよう」とか、「そこそこ売れるだろうから5冊注文しよう」とか、あるいは「これは売れないから返品しよう」などと判断する。

勝手に送りつけてくるのだから、一定期間内なら返品してもいい。新刊委託配本とはそういうことである。

委託配本には返品できる期間が決まっていて、その期間を過ぎると返品できなくなる。書店が取次を経由して出版社に返品しても、送り返されてしまう。たいていの本は、出版社が取次を介して書店との間で再販売価格維持契約を結んでいるので、小売価格は出版社が決めた定価で売らなければならない。夕方のスーパーの総菜売場のように、値下げして売るわけにはいかない。書店はなんとかしてその本を買ってくれる客を見つけるか、あきらめて廃棄処分するしかない。

委託期間が終了した本以外でも、注文品は原則として買切である。だから、たとえば客が書店で注文した本をキャンセルすると、書店は困ったことになる。出版社に事情を話して返品を受けつけてもらうか、店頭に置いて他に買ってくれる客を待つか、あきらめて廃棄処分するか。

新刊委託期間に関係なく、返品を受けつける出版社も増えている。全タイトルについて返品可とする出版社もあれば、一部のシリーズなどについて返品可とする出版社もある。つまり返品条件が緩和されたのだ。

返品条件が緩和されるきっかけのひとつは、1970年代の文庫創刊ブームだったといわれる。この時代、講談社文庫をはじめ、文春文庫や集英社文庫など、まだ文庫に未参入だった大手出版社が相次いで文庫レーベルを立ち上げた。文庫は新刊だけでなく既刊のものをどれだけ安定して売っていくかがビジネスの上では重要になる。自社の本を書店が長く店頭に陳列しておくためには、返品条件を緩和して、いつでも返品を受けつけるようにすることが必要だった。

返品条件の緩和は、出版社にとっては作った本を全国の書店に並べられるという利点を、書店にとっては売れ残りを抱えるリスクを避けられるという利点がある。しかし、物事には裏と表があり、光と影がある。返品条件の緩和は出版界のモラルハザードをもたらした。たとえば出版社は、見計らい配本ができる、つまりいったんは作った本がお金に化けるので、どんどん本を作るようになる。かつて岩波茂雄が岩波文庫を発刊する際、円本ブームで本の粗製乱造が横行していたような状態だ。一方、書店は売れる売れないに関係なく本を仕入れるようになる。たとえば大きな文学賞の候補作が発表されると、全点を大量に注文する書店があらわれた。候補作を売るため、というのも目的のひとつであるが、いちばんの目的は、受賞作が決まったときに該当作が店頭にあるようにしたいからである。候補作が6点あれば、6点すべてを何十冊という単位で注文する。たしかに候補作はすべて店頭に並べられるかもしれないが、現実は悲しいかな、売れるのは受賞作だけだ。6点のうち5点はほとんどが返品されてしまう。こうして委託制＝返品条件付き卸は出版社と書店の双方を堕落させてしまった。

そのほころびはあちこちで出ている。２０１５年、業界第４位の総合取次、栗田出版販売が経営破綻し、民事再生法の適用を東京地裁に申し立てた。本稿の執筆時点では、再生の進み行きはもちろん、再生法が適用されるかどうかも不明だが、総合取次の倒産という前代未聞の事態となったのは、高止まりした返品率と取次のコスト増がある。また新刊市場が縮小するなかで取次間の競争が激化して、大手２社による寡占化が進んでいることもある。返品条件の緩和とモラルハザードがもたらした事件といってもいいだろう。

一方、書店店頭の画一化も進んでいる。チェーン店や大型店のランキング情報を参考に仕入れる書店が増え、どの書店の新刊台も同じような品ぞろえになっている。その結果、売れている本はますます売れ、大多数の売れない本はまったく売れないという、一極集中、一人勝ち状態が進行した。リアル書店が持っているネット書店と違う良さは、（未だ知らない）本と出会えることであるが、リアル書店が画一化してしまうとその良さは損なわれてしまう。マスメディアではよく「読書ばなれが進んでいる」といわれるが、毎日新聞社の読書世論調査などを見ると、日本人の読書率に変化はほとんどない。起きているのは読書ばなれではなく新刊書ばなれであり新刊書店ばなれだ。なぜなら新古書店の売り上げは伸び、公共図書館の個人向け貸し出し冊数は増えているからだ。

個性的な書店が雑誌などで取り上げられることが増えた。これも一般の書店の画一化が進んだからこそ、そうではない異端の書店にスポットライトが当てられるということだろう。こうした個性派書店に共通しているのは、取次のパターン配本に頼っていないことだ。自分で情報を集め、出版社に注文している。

一方、出版社でも、大手取次に頼らない出版社が次々と登場している。取次を使わずに、書店に直接卸したり、零細出版社が共同で受注と送本を行なったりしている。注文のあった商品（本）だけ出荷する注文出荷制だ。買切ではないにもかかわらず、返品率は驚くほど低い。

個性派書店と進行零細出版社で起きている脱取次の動きは、脱委託配本制ということもできるだろう。岩波書店がとってきた注文買切制とは少し異なるが、しかし岩波書店も特約店に対しては一定条件下での返品や交換を認めているのだから、両者の距離はかなり近い。出版社と書店が主体性を取り戻すために、岩波書店の取引方式はイノベーションとなりえるかもしれない。

最後に、なぜ岩波書店には岩波文庫や岩波新書、『広辞苑』などのイノベーションが可能だったのか考えてみたい。

おそらくそれは、岩波書店の経営者や社員たちが——岩波文庫や岩波新書のマニフェストに象徴されているように——時代に対する危機感や怒り、そして使命感を強く持っていたからだろう。

彼らは出版をたんなるビジネスにしなかった。かといって、たんに書物が好きだから、出版という行為が好きだから、という趣味や道楽の延長としての事業にもしなかった。「時代」に対して、あるいは――本稿では触れなかったが、岩波書店の看板雑誌の名にもあるように――「世界」に対して、強い責任感があった。現状をよりよくするためには何かをやらねばならぬというおさえがたい思いがあった。書物だからできること、書物こそやらねばならないことを、彼らは真っ当に考えていたということだろう。目先の売上ではなく、1冊の本を通じて何をやるかである。

そこには創業者岩波茂雄の強い思いがあった。岩波茂雄については一出版社の経営者としては例外的に、多くの評伝や回想録が書かれてきた人物だ。そして、その岩波茂雄の思いを、その時々の状況に合わせながら、忠実に継ごうとする人びとがいたことは、岩波新書の歴代マニフェストを振り返ると明らかだ。

もちろん危機感や使命感だけで物事がうまくいくとは限らない。ときには空回りすることもある。岩波書店の歴史を振り返ってみても、うまくいかなかった事業はたくさんある。うまくいかなかった事業に、危機感や使命感が欠けていたわけではないだろう。俗に「出版は水もの」といわれるように、書物が読者に受け入れられるかどうかはほとんど予測不可能だ。岩波文庫や岩波新書、『広辞苑』が長く受け入れられているのは、たまたま奇跡的に、出版する者の危機感や使命感と、読者のそれとが一致したからなのかも知れない。成功の理由を精神性に求めすぎるのは危険だ。

　経営的な側面から見れば、むりに事業を拡大しなかったのもよかった。ファッション誌や漫画など、岩波書店が手がけていないジャンルは多い。かといって専門書の出版社でもない。総合出版社を目指して、結局は失敗した出版社はたくさんある。岩波書店も、もしその気になれば、一般誌やファッション誌、娯楽系の文芸書などにもビジネスを拡大できたかもしれない。でもそれをやらなかった。拡大しないぶん、岩波文庫や岩波新書の精鋭化に力を注いだ。たとえば、あまり話題にならないが、岩波文庫は時に応じて翻訳などを改めている。わざわざ新訳と銘打って大宣伝しないだけだ。

　事業を拡大せずにすんだのは、注文買切による卸という、いまでは少数派になってしまった取引条件を固持し続けてきたためでもある。返品のリスクとコストを避けられる。返品制（委託制）に慣れてしまった書店からは評判が悪いが、自信を持って売る書店とだけ取引することで、出版物のクオリティ低下をまぬかれた。多くの出版社が返品制（委託制）の罠に陥り、資金繰りのために新刊を出し続けなければならなくなり、結果として粗製濫造せざるをえなくなっていることを考えると、書店の反発を振り切りながら注文買切を続けてきたことはよかったと思う。

　岩波書店とは別のかたちでイノベーションを続けてきた出版社もある。たとえば角川書店（KADOKAWA）がそうだ。1945年に国文学者の角川源義が創業し、当初は国文学関連の本を中心にしつつも、49年には角川文庫を創刊した。70年代は角川文庫をエンターテインメント路線に大きく転換する。75年に源義が没し角川春樹社長の時代になると、映画製作に進出して「読んでから見るか、見てから読むか」のメディアミックス戦略で一世を風靡する。80年代はテレビ情報誌やゲーム情報誌、アニメ情報誌を創刊。90年代に角川歴彦社長の時代になると、ライトノベルというジャンルを開拓していく。さらに新世紀になると会社の分割や統合、M＆Aをさかんに行い、さらにはＩＴ関連会社のドワンゴと経営統合するなどめまぐるしく変わってきた。一部の出版物——辞書や古典・学術系の文庫、叢書、単行本など——は岩波書店と相通じる内容のものもあるが、出版社の生き延びかたとしてはまるで対照的だ。

まるで対照的ではあるものの、時代に対する危機感と、書物を通じて、出版事業を通じて、世の中に何かを働きかけなければならないという使命感を持っていること、それぞれの理念を堅固に持っていることは共通しているのではないか。だとすれば、大転換の時代に出版産業が生き延びるヒントもここにある。

あとがき

長野県須坂市で毎年、著名な文化人を講師に迎えて開催している「信州岩波講座」。須坂市、岩波書店、信濃毎日新聞社、NPO法人「ふおらむ集団999」などでつくる実行委員会が主催し、1999年の初開催以降、その年の講座が終わると、翌年に向けて関係者が「テーマは何にするか」「講師に誰を呼ぶのか」といった議論を重ねています。

2013年1月から8月まで計25回、信濃毎日新聞文化面に連載した「本の世紀　岩波書店と出版の100年」は、両社の関係者が「信州岩波講座」の企画・運営会議などで顔を合わせ、岩波書店や出版界の現状、活字文化のこれからを話題にし、問題をとらえて理解を深めていく中で、岩波書店創業100年となった年を機に具体化したものです。

出版王国とも言われる信州。岩波書店創業者の岩波茂雄（1881〜1946年）は諏訪市出身であり、ほかにも、筑摩書房の古田晁（1906〜73年、塩尻市出身）、みすず書房の小尾俊人（1922〜2011年、茅野市出身）、理論社の小宮山量平（1916〜2012年、上田市出身）といった創業者をはじめ、出版界に多くの人材を輩出しています。こうした背景を織り込みながら、岩波書店と出版の１００年史を取材しようと取り組みました。

連載の狙いの一つは、岩波書店を中心に、出版物が時代にどのような影響を受けながら、出版文化がはぐくまれてきたのか、逆に時代からどのような影響を与え、そのダイナミズムを描くことにありました。岩波書店の１００年に及ぶ社史をたどりながら、時代とのダイナミズムがわかるように、近現代史や社会の変遷と関連づけることを大切にしました。

取材を進めるにつれ、岩波書店の歩みと時代とを関連づける史実が多いことを発見しました。

それは、岩波茂雄の時代を見る目、出版に対する考えによるところが大きいのでしょう。例えば、岩波書店が創業の翌々年の１９１５（大正４）年１０月から２年間、相次いで刊行した「哲学叢書」。このシリーズが予想以上に売れたおかげで経営の安定化につながり、その後、学術書、教養書の刊行に手を広げていく起点になったそうです。哲学の本を出したのは、茂雄の「専門分野」だったからですが、難解な哲学関連書籍が大ヒットした背景には、大正期になって国民の知的・教養のレベルが向上し、哲学書に関心を持つ国民が増え、読者層に厚みと広がりが生まれたことがあります。

また、１９３８（昭和１３）年創刊の岩波新書は、満州事変（３１年）、盧溝橋事件（３７年）を契機とした日中戦争と、軍国主義の日本と隣国中国などとの緊迫した対外情勢を背景に、「なんとかしなくては」という茂雄の思いが込められて創刊されています。敗戦直後に創刊した雑誌「世界」は、講和問題や６０年安保闘争などで言論を主導しました。岩波茂雄の行動の軌跡からは、日本の近現代史の中でとらえられるテーマの数々を見いだすことができると思います。

今、電子書籍の普及やインターネット販売の増加、「街の本屋さん」の急速な減少と大型チェーン店の増加など、出版業界をめぐる状況は、岩波茂雄の時代には想像もつかなかっただろうほど、さま変わりしています。活字文化の行く末が不透明な現代にあって、出版物、そして出版社が世の中に及ぼす力について、あらためて考えると、連載最終回のインタビューで、中島岳志さんが語った「例えば、マルクスの資本論がそうだったように、一冊の本が世界を変えてしまうことがある。その意味で、書き手と編集者二人で世の中をひっくり返すことができるかもしれない」という言葉が普遍性を帯びて響いてきます。そういう活字の力を、本の力を私たちは信じていきたいと思います。

「本の世紀」は、前任の編集局長・渡辺重久（現・専務取締役）、取締役編集局長・畑谷広治のもと、文化部長・井上裕子が統括し、取材、記事のとりまとめは文化部の部次長・長門均、上野啓祐、中村真希子が担当しました。

取材にあたっては、岡本厚社長をはじめ、岩波書店の歴代社長をはじめ、役員・社員・OBの皆様には全面的に協力していただきました。出版ニュース社、信州風樹文庫、出版ジャーナリストの塩沢実信さんには、多くの貴重なデータや史料の示唆・提供を受けています。今回の出版に際しては、東洋出版顧問の編集者、長田洋一さんから声をかけていただき、思いがけず書籍化の道が開けて、大変感謝しています。また出版史・出版文化に造詣が深い永江朗さんに詳しい解題を寄せていただいたことは、思ってもみなかった幸いです。取材にご協力いただいた方、連載を読んでくださった読者のみなさん、東洋出版の秋元麻希編集長をはじめ、出版に携わっていただいたすべての方に感謝申し上げます。

信濃毎日新聞「本の世紀」取材班代表　長門　均

［編］

信濃毎日新聞取材班

信濃毎日新聞社：1873（明治6）年創刊。長野県を中心に47万部余を発行する。桐生悠々、風見章など著名なジャーナリストを多数輩出。日本新聞協会賞を受賞した好評の新聞連載を本にしたものに、『認知症と長寿社会—笑顔のままで』（講談社現代新書、2010年）、『不妊治療と出生前診断—温かな手で』（講談社文庫、2015年）、『検証・御嶽山噴火　火山と生きる—9.27から何を学ぶか』（信濃毎日新聞社、2015年）など。

［解題］

永江朗

フリーライター。1958年、北海道生まれ。法政大学文学部卒。81～88年、洋書輸入販売会社・ニューアート西武勤務。89～90年雑誌「宝島」および「別冊宝島」編集部在籍。93年からライター専業に。日本文藝家協会理事。『菊地君の本屋　ヴィレッジヴァンガード物語』（アルメディア、1994年）、『インタビュー術！』（講談社、2002年）、『不良のための読書術』（筑摩書房、1997年）、『批評の事情　不良のための論壇案内』（原書房、2001年）、『哲学個人　授業〈殺し文句〉から入る哲学入門』鷲田清一氏との共著（バジリコ、2008年）など、著書多数。

本《ほん》の世紀《せいき》　岩波書店《いわなみしょてん》と出版《しゅっぱん》の100年《ねん》

発行日　　2015年9月28日　第1刷発行

編　　信濃毎日新聞取材班（しなのまいにちしんぶんしゅざいはん）

解題　　永江朗（ながえ・あきら）

編集プロデュース　　長田洋一

装丁　　間村俊一

発行者　　田辺修三
発行所　　東洋出版株式会社
〒112-0014　東京都文京区関口1-23-6
電話　03-5261-1004（代）　振替　00110-2-175030
http://www.toyo-shuppan.com/

担当　　秋元麻希

印刷　　日本ハイコム株式会社（担当：宮前諭裕）
製本　　加藤製本株式会社

ISBN 978-4-8096-7796-0　定価はカバーに表示してあります
ISO14001 取得工場で印刷しました